金融道 叁

在不确定性中引领

[美]雷·戴维斯　彼得·伊科纳米◎著
（Ray Davis）　（Peter Economy）

李明◎译　蒋骊军　陈琳◎审校

中信出版集团｜北京

图书在版编目（CIP）数据

在不确定性中引领（金融道3）/（美）戴维斯，（美）伊科纳米著；李明译. —北京：中信出版社，2014.8（2024.12重印）
书名原文：Leading Through Uncertainty
ISBN 978–7–5086–4716–6
I.①在⋯ II.①戴⋯ ②伊⋯ ③李⋯ III.①商业银行–经济管理–经验–美国 IV.①F837.123
中国版本图书馆CIP数据核字（2014）第170501号

Leading Through Uncertainty: How Umpqua Bank Emerged from the Great Recession Better and Stronger than Ever
by Ray Davis
Copyright © 2014 by Ray Davis
This translation published under license.Simplified Chinese translation Copyright © 2014 by CITIC Press Corporation
All Rights Reserved.

金融道3
在不确定性中引领

著　者：[美]雷·戴维斯 [美]彼得·伊科纳米
译　者：李　明
审　校：蒋骊军　陈琳
策划推广：中信出版社（China CITIC Press）
出版发行：中信出版集团股份有限公司
　　　　　（北京市朝阳区东三环北路27号嘉铭中心　邮编　100020）
　　　　　（CITIC Publishing Group）
承 印 者：北京通州皇家印刷厂

开　本：787mm×1092mm 1/16　　印　张：16　　字　数：100千字
版　次：2014年8月第1版　　印　次：2024年12月第9次印刷
京权图字：01–2014–3550
书　号：ISBN 978–7–5086–4716–6/F·3236
定　价：42.00元

献给安快银行的同事们

你引领，你促动，你激发

LEADING
THROUGH
Uncertainty 目录

理念和领导力决定走多远

2006 年，与金海腾行长的结缘，让我看到了一家完全不同于国内其他银行的"另类"——当时的广发银行杭州分行；今年，当金行长把美国安快银行介绍给我的时候，我则见到了一家几乎在全球银行业中都堪称"另类"的银行。这两个银行有一个共同点：超乎寻常的优秀。

安快银行CEO雷·戴维斯向我们展示了一种非凡的企业家精神——冒险精神、创新精神、不满足精神和英雄主义精神的集合体，这也是我所推崇的。

从某种意义上讲，在市场经济社会，每一个人都在不确定中生活，都面临着一定的风险，但与一般人相比，企业家所面临的风险范围更大、程度更高。冒险精神作为企业家的基本素质之一，不仅是一种顽强的意志，更是一种高超的能力。企业家的冒险绝不是赌徒式的孤注一掷，而是以全面掌握相关事业的知识和谨慎周密的判断为基础、——比他人抢先得到的获取利益的机会。正如就如本书中所讲到的，戴维斯在次贷危机前敏锐地感觉到了房地产市场潜在的危机，冒着公司股价大幅下跌的风险，发出不同的声音，诚实地揭示自己的问题并且抢先着手解决，从而让安快银行避免了在随后的金融危机中一败涂地。

优秀的企业家最不喜欢循规蹈矩，最不屑于"按既定方针办"。他们天生是一个"破坏者"——破坏旧的秩序、旧的规范、旧的习惯。他们以创新为己任，从来不把自己在某一时期某一环境下的成功秘诀当作灵丹妙药死抱住不放，而总是审时度势地否定自己，拿出新方法、想出新花样。我们现在所看到的安快银行已经不是一家常规意义上的银行，它是集合了酒店业、零售业、金融业等优秀企业做法的一个跨界体，在经济繁荣期和低潮期都能做到优秀。

企业家的座右铭是"不断前进"，他们绝不会安于现状。从一家在落后地区发家的小银行变成全美最佳社区银行，安快银行将不满足精神表现得如此非常强烈。这种不满足精神不仅体现在财务指标的增长上，更体现在他们一直致力于创造超越客户期望的服务。

熊彼特把企业家精神比作中世纪的骑士道精神，马歇尔用"经济骑士道"来象征企业家，描绘的便是企业家的英雄气概。安快银行敢于在每个网点打出"欢迎来到世界上最伟大的银行"的旗号，不仅有引领行业风气的气概，更在潜意识中引领支配了我们的精神世界和价值理念，成为一种楷模。

在不确定性中引领，最关键的是这个企业的领导者能够具备上述的企业家精神。

在当前，中国银行业面临重大改革的关口，决定变革成功与否的主要因素有两个：理念和领导力。理念可以正确也可以错误，领导力可以强也可以弱。最好的组合是正确的理念、强的领导力，最差的组合是错误的理念、强的领导力。当然还有次好或次坏的组合。

任何伟大的变革都一定有先进的理念，只有这些理念才能够战胜当时体制下的既得利益，才可以往前走。观念的变革是一个漫长的过程。新的观念最初通常是由领导者提出，在强大领导力支撑下，当这些观念变成企业成员的共同理念，由这些理念引领的变革才会真正取得成功。

只有具备企业家精神的银行家才能够形成更好的理念，但现在部分银行家还没有成为真正的企业家。企业家的责任是创造价值而不是分配价值，但眼下，确实有很多银行家是在发展自己分配价值方面的能力。

一个优秀的银行家，要有追随者，这种追随是诚心诚意的追随，而不是出于利益或者恐惧，这实质上体现的就是一种强大的领导力。我们现在特别强调隐性知识，一种默契的知识。实际上就是这两个人一起办事儿的效率比这个人跟另一个人办事的效率高。这样的话，这两个人若分开办事，则两人的价值都会降低，那他们就愿意待在一起。转换到企业的角度来看，你愿意在优秀的人才身上投资，一定是因为这个人在你这儿能创造更高的价值。这就要依赖于另外一些东西，包括领导力，包括企业文化等等。

安快银行CEO雷·戴维斯在本书中所展现的就是一种先进的价值理念和卓越的领导力，他的方法不仅适用于当前正处在变革当中的银行业，也会给各行各业的企业家带来巨大启发。所以，特别向读者推荐此书。

张维迎

著名经济学家

从富国银行到安快银行

　　2002 年，经加州州立大学东湾分校南希教授介绍，我与广发杭州分行的同事们去富国银行学习，当时富国银行还是美国西部的一家中等银行，经营的区域仅限于密西西比河的西岸地区，经营的商业银行业务主要是小企业贷款和住房按揭业务。那时候，富国银行在中国还不为人所知，没有人知道它到底是一家什么样的银行，但是，对当时置身其地的我们而言，它的近乎偏执的定位、交叉营销的理念和发展新业务时"先人后事"的准则，则给我们留下了很深的印象——这与中国银行业几乎千人一面的经营、管理方法大相径庭。后来，我组织广发全行中层干部学习《从优秀到卓越》一书，富国银行是其中唯一入选"卓越"公司的银行，我们也从这本书中了解到它更多独特的东西：总行没有统一的办公大楼；高管人员的办公室必须是敞开的；收购的一家银行，只因为它的高管餐厅里使用了奢华餐具，便将原来的高管便全部被辞退，理由是"文化不符"等。今天的富国银行，已经是全球市值最大的银行，但"依旧保持着它的独特性"（巴菲特语），很多银行从业者都将它的经营管理理念奉为圭臬。

今天，又有一家银行紧紧吸引了我的眼球，这家银行在其每个门店的背景墙卜都写上了"欢迎来到世界上最伟大的银行"。在 2008 年席卷全球的金融危机中，美国有数千家银行倒闭或者被兼并，即使像美联银行这样的大银行也被富国银行兼并了。在这哀鸿一片中，这家名不见经传，特别是对于中国银行从业者来讲闻所未闻的社区银行却异军突起，它就是美国安快银行（Umpqua bank）！很难想象，这么一家从经济落后地区（俄勒冈州以森林伐木业为主）起家的小银行，不仅没有倒闭，反而资产规模翻了一番，并且门店数从 120 个扩张到了 200 个。上个月，我刚刚又去了安快银行，它的门店现在已经扩张到 400 个了。

现在，安快银行被誉为美国最佳社区银行，连续两年被美国独立社区银行协会评为"顶级社区银行先锋"。这是一家不止让同业赞叹的银行，甚至让甚至其他行业的知名公司也对其倍加推崇。

安快银行CEO雷·戴维斯的《在不确定性中引领》（Leading through Uncertainty）一书，讲述的是美国安快银行的经营之道。我之所以组织推动这本书的翻译工作并将其作为《金融道》系列丛书出版，一是源于这本书所描述和分享的安快银行的经验做法与《金融道》所倡导的理念有异曲同工之妙；二是因为在这个瞬息万变的时代，银行所处的内外部环境不断变化，尤其是当前经济下行期有诸多不确定的因素。在这种情况下，银行如何求得生存与发展，如何异军突起，有效差异化经营，应该是国内的银行家们最为关注的事情。正如戴维斯在书中所讲，未来世界将会充斥更多的不确定性，这将成为一种新的常态，应对这种新常态并且从中获益，安快银行在戴维斯的带领下做到了。

在这本书里，戴维斯先生以平实通俗的语言，从引领你自己，到引领你的企业，再到引领你所在的行业这三个方面，层层递进，全面系统地阐述和分享了安快银行在不确定性中如何做到前瞻，如何引领前行。

讲到不确定性，其实我们身边无时不无刻不存在着——"黑天鹅现象"，这就是不确定性，应对"黑天鹅现象"就是应对不确定性。"黑天鹅现象"是对人们原有的认知和传统事物运行逻辑的颠覆，因此，从哲学上讲，"黑天鹅现象"究其本质是一种质变。质变是由量变达到一定程度引发的，那么从这个角度来讲，只要量变积聚到充分，"黑天鹅现象"就存在某种必然性。这种必然性既有好的一面，也有不好的一面，就看你是主动应变，还是被动应付，比如：数码摄影技术的发展导致了柯达公司的破产，但却让成功转型的尼康、佳能找到了新的增长点；旅行社和机票代售点被电商彻底颠覆，但却造就了携程、去哪儿这样的电商巨头。

从富国银行到安快银行，它们几乎都是当时及当前银行业中的一种"黑天鹅现象"，它们都是做到了出类拔萃。所以，要做到引领不确定性，最重要的就是能够有预见性地跳出圈子（常规的、已有的发展模式），主动去应对甚至创造符合事物发展规律的类似的"黑天鹅现象"。这正是戴维斯拒绝与银行家们探讨银行发展的原因，因为同一性使银行家们目光短浅，思维受限，他更喜欢与酒店业、零售业等非银行业的优秀领导者交流学习。这与《金融道1《金融道壹———一家弱势银行的崛起》、《金融道2《金融道贰——把钱贷给谁》中一以贯之的理念——"跳出银行做银行"殊途同归。

故此，我非常愿意向广大读者推荐这本书，意在分享安快银行的经营理念和成功经验，为中国金融业持续健康发展尽绵薄之力。

金海腾

银行家、上海融至道咨询投资管理有限责任公司总裁一个多世纪以前，西奥多·罗斯福对"成功"一词给出了这样一个经得起时间考验的定义。他说："毫无疑问，生活给人提供的最佳奖赏，就是拥有值得投入、值得努力的机会，去做值得做的工作。"根据这个定义，雷·戴维斯是到目前为止，我所见到的最成功的企业领导者之一。一直以来，他同他安快银行的同事们一道，比我所知道的其他任何银行、任何机构的领导层，都要更加忘我、更加充满智慧、更加富有激情、更加务实地工作着。他们所做的无疑是值得投入与付出的工作——组建公司、打造品牌、与众不同，在市场上脱颖而出，赢得一席之地。

在《在不确定性中引领》一书里，戴维斯以其一贯平实的语言风格，再次尝试与世人分享他和他的同事们，在金融领域不同寻常的 20 年创新、服务历程中所收获的一切。他的第一本书《谋求发展，引领群伦》

（*Leading for Growth*）已经于 2007 年 3 月出版。当时，银行业以及作为一个整体的世界经济，正处于高位运行，并享受着由房地产的繁荣和快速发展所带来的良好市场环境。现在的这本书，则是在新的经济发展阶段，需要领导者具备活力、拥有独立强大的领导者世界观的时候应运而生的。这一时期，大多数产业（无疑也包括银行业）的大多数公司，都面临着巨大的经营压力——这是 20 世纪二三十年代经济大萧条时期金融市场所发生的那场最严重的崩溃遗留下的产物。它让实体经济的发展非常缓慢，令人沮丧。顾客对那些和他们有业务往来的公司缺乏信任感，这种不信任感根深蒂固。

　　而你在本书中将要遇到的雷·戴维斯，还有与他一道写作本书的彼得·伊科纳米，赋予了安快银行以生命。同过去经济最为繁荣的时期一样，他们充满自信、激情、胆识。即使这个世界瞬息万变——互联网和社交媒体正在彻底改变着银行业的技术和金融发展的趋势，政府的决策也正在重塑银行业的环境——戴维斯和他的同事们，仍然矢志不渝地坚持自己的价值判断和信仰体系，坚持自己所认为的公司方向以及公司在顾客的生活中应该扮演的角色等。他们的观点非常独特。

　　这本书，字里行间都体现着戴维斯强大的洞察力，他为我们提供了实战的方法和饶有趣味的故事。这些都是戴维斯聚毕生精力所总结的经验教训，是一个企业既可以在兴旺时期，又能够在艰难时期参考借鉴的策略心得。很少有其他公司的首席执行官，能够像他那样认识到我们正处于剧烈变化的时代。一家公司，或者是一个领导者，如果只满足于把事情做得比别人好一点点，或者把事情做得与过去有一点点不一样，是无法做大做强的。在混乱动荡"超优势竞争"的年代，要想脱颖而出，唯一的途径就是：独树一帜。是否具备原创性已成为每一家公司在战略上的决定性考验。

我喜欢这样的表达：战略即主张。戴维斯及其同事们，极力推行自己的战略思想。他们认为，最成功的企业不仅仅只是提供具有竞争力的产品和服务，还应该有引人入胜的理念。这些理念，将能够影响他们所处领域的竞争格局，重塑对于顾客、同事、投资者来说，"到底什么才是可能"的这样一种观念。当我分析那些熬过艰难时期并成为大赢家的公司时，发现，每个案例都充分表明，一个含义丰富的价值定位足以击败一个以金钱为目标的价值定位。

可以肯定，没有人会错把安快银行当成是总部设在纽约或香港的金融巨头，也没有人会错把戴维斯当成是"宇宙的主宰"或"金融的巨人"。而这恰恰是本书的魅力所在。戴维斯的洞察力以及他的思想之所以非常值得重视，并不是因为安快银行的资产规模有多大（尽管安快银行几十亿美元的资产正在快速增长中），而是因为他的理念具有强大的力量，并且与其他产业中许多正在管理运营公司的领导者们也有联系。

在很长的一段时间，我们生活在弱肉强食的世界里。如果你拥有最知名的品牌、最广泛的全球用户、最鼓的钱袋，成为赢家几乎是必然的事情。眼下，那个世界已经成为过去。关于成功，已经有了新的逻辑——强肉智食。我已了解到，最成功的公司，不只是想方设法地要从与对手的竞争中胜出。它们还渴望在千篇一律、盲目模仿的思维世界里，打造一个独一无二的理念，以此来重新定义它们领域里的竞争标准。用戴维斯的经典名言来说就是，这些公司是"在变革到来之前变革"。

理念决定一切，这是千真万确的道理。但戴维斯在书中所表述的第二层核心思想，也值得在这里着重强调。这个核心思想，就是他所理解的领导力的第二个决定性原则。这个原则是他在这段较长的经济危机时期，所吸取并且一再吸取的教训。作为一个简单的教训，它确实太容易被忽视了。这个教训就是，要成为最成功的领导者和最成功的公司，秘诀就在于，既要有着不同于其他人的思维，又要比其他任何人都更加关心顾客、关心同事、关心自己的企业在有着无限的机会抄近路并在价值观上做妥协的世界里，如何管理自己。在竞争残酷的市场上，**要想**与众不同，独树一帜，就必须在工作领域中创造出特别的东西。你的战略**即是**你的文化，你的文化**即是**你的战略。这就是为什么最有成就的领导者要承担更多的东西，并创建出每个人共同为之奋斗的企业。

对我来说，这正是最终使雷·戴维斯和安快银行卓尔不群的东西。戴维斯是一位首席执行官，安快是一家有着 2 500 多名员工的公司。这 2 500 多人深深关注自己的影响力，关注自己正在留给后人的东西，关注他们在顾客的生活及社区中所创造的不一样的精彩。而这也正是这本书如此与众不同的原因。戴维斯对自己和同事们所创建的东西显然非常在意。他写这本书的目的，是要同那些辛勤工作在各自公司里、正在为值得做的事业而奋斗的领导者们，分享自己的教训、成功等经验心得。

感谢戴维斯在书中的真知灼见。愿大家在探寻"生活给人提供的最佳奖赏"的过程中，能获益良多。祝各位好运。

威廉·C·泰勒

美国知名商业杂志《快公司》（*Fast Company*）的共同创办人及创刊编辑

在充满巨大不确定性的时期前行

世界上许多国家的发展都止步于经济的赤道无风带（即经济低潮期）。这是一段特殊的时期。对于当前的经济来说，到底是走向发展与繁荣，还是更为严重的衰退？失业率最终会回归可控范围，还是会有越来越多的人失去工作、经济发展将受到阻碍？在离我们不太遥远的未来，还会出现通货膨胀的恶性循环或者通货紧缩的旋涡吗？什么时候一切会恢复到常态？一切能够恢复到常态吗？

我将这一时期称为"充满巨大不确定性的时期"，而这正是我们当下的处境。没有谁真正确信自己知道我们的经济会往哪个方向走，市场总体环境在未来几个月或几年内会变得更好还是更坏。这种新的不确定性常态很令人不安。它将是所有的企业领导者，在至少下一个五年内，不得不面对的长期现实。对于这种不确定性，要取得成功，作为领导者的我们，是不能整天抱怨的。它弥漫于我们的经济、市场，也弥漫在政府代表及监管机构，以及顾客和民众的心头。我们必须找到方法应对这种新的不确定性常态，并从中赢利。

我们必须成为领导者，必须能够**引领前行**。

我的第一本书，《谋求发展，引领群伦》于 2007 年出版。当时，金融危机尚未影响到人们的经济生活。在我写那本书时，美国经济非常强劲，并保持持续增长。很多人认为房地产市场坚不可摧，或者至少毫无疲态，消费者信心比以往任何时候都要高涨。当时写作《谋求发展，引领群伦》的目的，是要就领导者到底应该如何引领自己的公司走向长期成功，提供全新的观点。那本书提供了几乎所有领导者都认可的工具和技能。它不是写给工商管理硕士们的，让他们来理解或实施；它注重实务，是写给领导者和想成为领导者的人的，是要让大家了解基本的领导原理。几年过去了，这些原理已经被反复证明，在引领公司往前发展方面，非常有效。

在那本书中，我提供了各种例证，阐述公司领导者到底应该如何将这些领导技能充分运用到公司内部的实际工作当中。作为首席执行官，我能够讲出安快银行的许多具体故事，让大家了解到，安快到底是怎样从所有这些领导原则中获益的。但尽管我经常以安快银行为例，《谋求发展，引领群伦》这本书，却是写给所有行业的所有领导者的。并且我也确实从许多业内和业外的高级管理人员那里听到，他们将这些领导原则成功地应用到了自己的实际工作当中。

　　回顾这一轮大衰退真正开始（它今天仍然对这个世界有着负面影响）的阶段，谁会料到我们的经济会下滑到如此地步？谁会想到房地产市场会一落千丈并且那么戏剧性地影响了那么多美国人？谁又会想到我们所存在的问题还会像传染病一样，影响到世界上其他国家的经济？

　　很少有人想象到事情会变得如此糟糕，也很少有人能预知还需要多长时间经济才能恢复到原来的状态。然而，有一件事情可以肯定：在困难时期，有效的领导力不仅是急需的，也是**必需**的。

　　《在不确定性中引领》一书关注的正是这个问题：在充满挑战及不确定性的时期——也包括经济增长的各个时期——参与竞争的企业内部的领导力至关重要。我们要正视这样的现实：有效的领导力能激发人们的斗志，它能够也应该成为推动公司在变革中乘风破浪、不断前行的动力。低效的领导力则会带来灾难，它使许多公司甚至许多政府陷入困境甚至崩溃。

　　我在《谋求发展，引领群伦》中写道："不存在第三号门。"这句话的意思是说，领导者要能在严峻的形势下沉着应对并接受、欢迎变化，而不是对抗、忽视或者简单地希望它会自行离去。变化总会发生，总想着以不变应万变是不切实际的：那样的代价太过高昂，也是不可能完成的使命。我相信这句话对当下的领导者来说仍然适用。在非常困难和充满不确定性的时期——也包括在伟大的创新和发展时期——你随时要准备着并且必须适应快速的变化。这也就意味着，当处于困境时，领导者要么选择第一号门（接受挑战，去做你想做的事情——即引领前行），要么选择第二号门（逃离险境，放弃承担）。不存在第三号门。

尽管安快同样受到经济震荡的影响，但我们训练有素，并且可以先发制人。这一招让我们受用无穷。我们很早就预知了各种潜在的挑战，并且立即采取行动。此时，大多数公司甚至还没意识到经济已处于危机当中。尽管我们大胆果断的反应当时在华尔街不被认同，但这种应对将安快银行推送到银行业中最为稳健的银行之一的位置。

自始至终，我们一直将重点放在应对经济衰退以及我们自己的长期发展战略上。尽管遭遇到了具有挑战性的经济环境，但这个战略未曾动摇过。我们一直专注于打造一家独一无二的银行——一家将大银行成熟的产品和专业知识，与社区银行的服务和本地化紧密结合的银行。这让我们总是有各种机会促进自己发展。在此期间，我们完成了四单由联邦存款保险公司资助的交易，这不仅保护了安快在内华达和华盛顿州各社区的财务健康，还大大拓展了我们的业务范围。

当经济风暴渐渐平息时，我们迅速行动起来，拓展业务领域以应对未来。我们增加了财富管理、国际业务和资本市场等部门，壮大了我们在重点市场上的业务团队，建立和完善了新的门店。

因此，今日安快银行的资产负债表甚至比金融危机开始前的资产负债表更为强劲。我们一直在发展，自 2007 年以来，我们的规模几乎翻了一番，已从原来的 120 个门店发展到今天的 200 个门店，从原来的 70 亿美元资产发展到今天的 120 亿美元资产。

在过去几年中，通过亲身经历，我领会到了强大领导力的巨大能量。

在本书中，我总结了领导者在变革时期促动和激发自己的员工所需要具备的各种品质。这既是为了帮助领导者们在市场处于困境时保护自己的企业，也是为了让他们在迅猛变革的年代树立起信心，有良好发展势头。

《在不确定性中引领》一书提醒领导者们：

- 要记住，真理是不会束缚住你的手脚的。
- 在面对充满不确定性的形势时，要保持头脑灵活。
- 在出现问题时，要正视现实而不要逃避现实。
- 要理解直觉的价值，明白自己的员工凭直觉办事至关重要。
- 要促动和激发自己的员工，以便打造成功的公司。
- 明白抓住契机和因势利导的价值所在。
- 构建有利于强化有效价值定位的公司文化。

如果缺乏领导力，所有出现的问题通常都不会自行消失。通过领会并遵循基本的领导原则，领导者可以成功地引领自己的公司，穿过波涛汹涌的大海。在《谋求发展，引领群伦》那本书里，有关于领导力的阐述，但它不是实施领导力的手册。在本书中，我写到了变化的本质，还写到了变化是如何促使我们以新的眼光来看待领导力的。在我们慢慢告别大衰退并跨进巨大的不确定性时期时，这本新书将能够给那些想在困难时期引领公司前行的人以教益，并激发他们为了自己的员工、顾客、机构，以及社区而应用这些技能。

《在不确定性中引领》一书分三个部分：引领你自己，引领你的企业，引领你的行业，这是领导力实施的三个基本方面。如果不通晓这三个方面，一个人是不可能成为真正卓越的领导者的。

第一部分，"引领你自己"，阐述了领导者如何建立自信，以便能够有效引领他人。换句话说，作为一个领导者，你到底有多自信？你如何保持自信？要做到自信，不算是很难的事情，但不幸的是，经常会出现这样一种情形：需要领导者既对自己诚实，又对同事诚实，这是很痛苦的事情。我们经常读到这样的新闻：在一些事件中，领导者回避事实，选择特定的时间发布公告，以使最终结果对员工及其机构最好，这显然是在尽量减轻对他人的压力。但是，请相信我：展现真实的自己，绝对会让你受益。只要率真，只要坦诚，你一定会赢得他人的尊重和信任，同时你的领导力还会得到强化。除探讨展现真实自我的价值以及这样做会对机构产生的促进作用之外，这部分还探讨了：

• 接受"新常态并非常态"这一事实，将有助于领导者克服犹豫，并发现快速迫近的各种变化。

• 如果领导者只关注自己以及员工们所能掌控的问题，那么如何去应对我们周围所存在的各种不确定性？

• 轻视诸如直觉等不可捉摸的东西的作用，会给机构带来负面影响。

第二部分，"引领你的企业"，是要领导者将个人的领导技能展现出来贡献给企业或机构。这部分的各章，探讨了在企业内，领导者的观念以及企业的价值定位有多么重要，一些人所拥有和坚持的观念与价值理想已经变成了现实，强有力的领导者永远不会轻视这个问题。这部分探讨了以下话题：

- 如何真正实现公司潜在的基本面的价值。

- 创造有意义的价值定位，将使你区别于你的竞争对手，并推动你的公司往前发展。

- 时刻为你的股东服务对公司来说意味着在经济大动荡和不确定的时期，维系公司的可持续发展将受到的影响。

- 如果领导者无法促动和激发自己的员工，他们就不能引领公司前行。有很多途径可以达到这个目标，领导者的职责就是考虑清楚到底什么方法最有效。

- 在困难时期，领导者应该具有远见，能够在恰当时机盘活公司的资产。

这本书前两部分旨在帮助领导者为完成自己和员工们的杰出事业做准备。第三部分是"引领你的行业"，里面的每一章都提供了能够帮助公司一步步发展壮大的基本策略，它能够带领你将公司推向行业顶峰。

正如我在《谋求发展，引领群伦》一书中所写的，所有的生意人都有一个共同使命：争取客户，争取顾客，让他们前来购物或者使用服务。所有的企业领导者都在孜孜以求将自己的企业与竞争对手区别开来的独门秘籍，我们所有的人都在努力做这件事情。这个目标非常明确，要完成，则非常困难。这一部分的四章谈到了如下内容：

　　•公司的声誉是公司最巨大同时又最脆弱的资产之一。如果公司的声誉没有得到好的维护，即使是最好的声誉，也会慢慢受到损害，给企业带来严重问题。

　　•理解公司的价值定位，并以此激励员工。不断与时俱进，让公司充满活力，永远走在其他公司前面。

　　•要韬光养晦，蓄势待发。

　　•将你的企业同那些销售同样产品和服务的企业区别开来。

《在不确定性中引领》一书非常实用。它提供了一些常识性的建议，帮助相关企业和行业的领导者，在闯过具有不确定性的经济时期之后，仍能保持可持续发展。这不是一本科学著作或者公式化著作，也不是一本模糊的关于管理实务的书。这是一本纯粹地讲述到底什么是领导力的书，尤其注重常识。我希望这本书里的内容能为读者所认可，并赋之以生命。它所提到的那些领导技能是我们所有人都需要不时被提醒的。

　　我深信，在接下来的几十年里，一定还会有很多繁荣的时期和萧条的时期，这是全球经济发展的规律。历史上也是繁荣时期与萧条时期交替。不过，即使不考虑经济变化的风最终吹向何方，一个事实是，不管是在经济平稳的时期，还是不平稳的时期，都没有确定性可言。如果你是领导者，就必须做好准备，面对和克服各种不确定性因素，以便引领群伦。如果你不能够引领，或者不愿意引领，那就必须站到一边，给有能力引领的人腾出地方，因为依然不存在第三号门。

LEADING THROUGH Uncertainty

第一部分　引领你自己

掌控不是领导力，管理不是领导力，领导力就是领导力。如果你想引领群伦，就需要用至少一半的时间来引领你自己——包括你的目标、你的道德准则、你的原则、你的动机、你的行为等。除此，你要花上至少20%的时间，去引领在你之上的那些有权势的人，花上至少15%的时间，去引领你的同辈人。

——迪伊·霍克，维萨卡的创始人及名誉首席执行官在引领他人之前，你首先要学会引领自己。引领自己，将有助于磨炼引领他人时所需要的技能，同时能让好的领导者树立起信心，让好的领导者所引领的那些人树立起信心。本部分讨论了与自我领导力有关的许多话题，包括全面了解当下的头版头条新闻、说真话的重要性、应对各种问题、懂得你能够掌控以及不能够掌控的东西、训练你的直觉等。

第一章　新常态时期

命运不是靠机遇，而是凭抉择。命运不是等待就可得到的东西，而是争取才能获得的东西。

——威廉·詹宁斯·布莱恩

全球金融危机仍然在影响着我们的经济：经济增长率与失业率仍然没有稳定下来，变化是恒久的，并且比以往任何时候都要迅猛。我们正处于新常态时期，所谓新常态就是**没有**常态。现在的领导者们比以往任何时候，都更需要有远见，能够预见到下一次变革——不要等到变革到来时，让自己的企业和顾客遭受突然袭击。

2007 年我的《谋求发展，引领群伦》一书出版以来，全球已经历经了一次金融海啸，这次海啸让整个世界遭受了巨大损失。尽管安快银行在这一巨大震荡中表现不俗，但其他许多公司——还有许多国家的公民——则没有那么幸运。2007~2009 年的经济危机之后，全球经济复苏一直特别缓慢，这种情况的出现有多种因素，包括居高不下的失业率、欧洲财政灾难对经济复苏的影响、美国国会在处理美国主要问题时的效率缺失等。经济危机的深远影响，再加上缓慢而又不确定的经济复苏，使得许多家庭和企业遭受重创，美国的公众不得不担心自己的未来。

我们陷入了一种"经济的无人地带"里，在这里，任何事情都可以发生，也可能发生。二次衰退还要在路上等上我们几个月吗？这并非不可能。会出现因消费者需求的激增而带来的繁荣吗？有可能会——如果消费者信心开始增强，就有这种可能性。即便是长期以来我们理所当然地认为自己所拥有的东西——货物装得满满的杂货店、启动开关便可照明的电灯、拧开水龙头便哗哗流出的水——也都可能很快遭受威胁。专家们指出，"二战"之后美国建起来的基础设施正在经受严重的耗损。[1]

当然，这个新常态并非都是负面的。经受了经济危机的考验之后，我们见证了技术和商业领域里伟大的创造与革新，享受到由此带来的卓越的新产品和新服务。这种新产品与新服务的产出比以往任何时候都更加高效。企业家们纷纷快速地创办新企业。根据密苏里州堪萨斯城考夫曼基金会的报告，在 2013 年，每个月有超过 500 000 个新企业主在美国诞生。[2]

然而，我们现在所处的时代充满了不确定性。这种不确定性在未来许多年有可能依然存在。它给我们带来了焦虑和恐惧，这种焦虑和恐惧促使我们做出各种决定。当对自己的前景感到恐惧、迷茫和忧虑时，很多人都倾向于什么事情也不做，希望避免遭受更多损失，期待风暴会自己离开；或者冲动地采取过激行为——这有时会使我们已经面临的严峻形势雪上加霜。

我们这些企业领导者，同我们所要引领的人们，没有实质性区别。在困难时期或者不确定性时期，我们往往被迫采取行动。有时，这样做的目的，是想与众不同，因为我们看到了通往目标的明确道路；有时这样做，只是想让他人知道，我们在掌控大局时，头脑是清醒的。企业领导者也是人。我们经常发现，本来我们应该像员工们所期盼的那样，保持镇静审慎——可是，我们却采取了过激的行动。当形势到了白热化的程度时，领导者在他们所处的境况下很难不采取过激行动，很难保持镇静。他们并不一定只在必要时才采取行动，但事实上，"做点什么比什么也不做要好"这句老话并非总是需要遵循的金玉良言。在很多情况下，为了表现得忙碌而做一点事情，或者抱着人们所说的"试一试，看看效果"的态度做事，会让你和你的公司陷入更大的困境。与其这样，还不如什么也不做。

我非常怀疑奈飞公司（Netflix）在 2011 年所做的那个决定，就属于在快速变化、充满不确定性的市场环境下的过激反应。这个决定将奈飞公司的业务整个一分为二：创立一个新公司，即"快斯特公司"，来处理公司传统的 DVD（数字多功能光盘）租赁业务；创立另一个公司，保留原来"奈飞公司"的名字，专门负责在线视频流业务。这使得奈飞公司的忠实顾客看起来达到了先前的两倍。首先，他们在奈飞公司下的订单，价格都一夜之间翻了一倍，即从原来每个月最低的 7.99 美元上涨到每个月 15.98 美元。其次，顾客要同两家公司打交道，才能得到他们以往只要从原来的奈飞公司就可以得到的相同的服务。这就在奈飞公司的顾客当中引发了实质性的"暴乱"。这种"暴乱"，通过新近流行的社会媒介渠道，以排山倒海之势被大肆渲染，结果在那之后不久，有高达 16% 的顾客决定取消自己的订单。这一消息不胫而走，造成奈飞公司的股票价格在短短两个月里下跌了 57%。该计划后来被奈飞公司的创始人里德·黑斯廷斯紧急叫停。黑斯廷斯当时说，"迅速发展与走得过快之间还是有区别的。多年来，奈飞公司一直发展得很快，但在目前的情况下，我们是走得过快。"[3]

在充满不确定性的时期，我们常常发现自己处于进退维谷的境地。这种境地往往把事情弄得更加复杂，因为事实很简单：我们几乎不可能不与时俱进。早就有人说过，人的一生中只有两样东西逃不掉：税收和死亡。我们还可以再增添一项：变化。但与前面的两样东西不同，变化可能是令人激动的、积极的、有回报的。

观察人们对于下面这些简单的表达所做出的反应是很有趣的事情："我们要做一些改变"，或者"如果我们要改进，就需要改变"，或者任何其他意义相同的表达。我敢肯定，有很多心理学家和生理学家会指出，从遗传的角度，我们注定了害怕变化、担心变化。的确，在组织变革领域的专家看来，70% 以上的组织变革尝试均以失败告终。这种以失败告终的变革是商界的领导者们丢掉饭碗的首要原因。[4] 而这些失败，大半可以追溯到许多人对改变的抗拒。这种抗拒似乎在遗传基因上被导入到了我们体内。我常常百思不得其解，改变是那么令人振奋的事情，为什么人们要抗拒它？如果不相信改变有多美好，你就看看自己孩子的成长过程吧。

在商界，改变是永恒的，改变的速度正在越来越快。正如哈佛商学院约翰·科特教授所说的，"当今世界，改变的速度在加快，越来越快，并以不同的方式给各个企业带来巨大影响。而特别重要的是，改变的加快越来越不只是以线性的斜线方式在提升，而是以成倍的速率在提升"。[5]

往往，正当你自认为将某件事情弄清楚了的时候，新的技术或者新的体系已经被创造出来，并且改变着一切。如此周而复始，循环往复。最简单的道理是，你不能一成不变。尽管对企业来说，接受改变是富有挑战的，但如果不变，则要付出甚至更高的成本，而且会被置于更加艰难的处境。当然，更好的办法是，在你所处的领域，在变化尚未到来之前就去迎接它们，对它们做出积极的反应。

假如你正以每小时 55 英里的速度在高速公路上驱车行驶——同减速或加速相比，保持这个匀速是多么难啊！（读到这里，喜欢找碴儿的读者一定会说，那说明你不会使用定速巡航）这里的问题其实很简单：你可以变速，变速与否的决定权在你手里。你会适应变化，因为你"不得不适应变化"，或者你"想适应变化"。决定权在你手里，你选取其中之一。

不同的变化，大小不一，重要程度不同，它会影响各种预算，且通常是在最不合时宜的时候（至少似乎如此）出现。这一点，我们是可以预见到的。重要的是，我们该如何做出反应并采取行动。

当知道自己别无选择时，我们会接纳改变，或者采取过激行为，当然也可能会惊慌失措，导致公司内部出现大混乱。假如我们选择先期采取行动，就必须主动去"寻找"变化，努力不让变化来得太突然。这才是卓有成效的、态度积极的、威力强大的做法。对于我们被动接受的一些困境或者变化置之不理或者做出过激行为，只会适得其反、打击士气，也是许多公司陷入死循环的开始。在商业环境中，对于挑战和危机所采取的不同反应会带来完全不同的结果。不同领导者面对同样的事件，应对方式会完全不同。当变化到来时，有些人已经做好准备期盼能"引领变革"，另一些人则心生恐惧，避之唯恐不及。

你属于哪种领导者？想成为哪种领导者？如果目前还不是你想要成为的那种领导者，你会如何改变自我去面对这种挑战？你什么时候开始改变自己并面对这种挑战？

不断变动的世界

所谓"变革"，是指事物所经历的彻底的、根本的变化；所谓"恐慌"，是指会导致歇斯底里行为的突发的、不可阻挡的恐惧。也就是说，变革是付诸实践的变化，而恐慌则是对于这种变化所做出的不理性、情绪化的反应。恐慌情绪，如果没有得到快速处理，会很快蔓延到公司的每个角落，导致上上下下人心惶惶。恐慌对于任何一家公司来说都很少会是好事。在过去几年我所见到的几乎所有案例中，恐慌都引得公司员工工作失常，最终造成各种错误的决定和糟糕的结果，给顾客、同事、股东带来损失，这不是我们经营的目的。

在我们周围的世界，变革无时无刻不在发生。"变革"这个词最经常让我们想起那些政局动荡的国家，各种变革也对整个商业世界及其产品和服务的消费者产生了影响。有理由相信，将各行各业发生的急剧变化聚集到一起，最终便是"变革"的定义。设想一下第一部手机、第一台个人电脑、第一次心脏移植、第一枚环绕地球运转的卫星，以及其他任何曾剧烈改变我们生活的新产品的发明使用。这些事件发生时，意义深远，但是，由它们所创出的东西才是至关重要的。

如此重要的商业变革今天仍然在发生，而且毫无减速的迹象。譬如不同度数的老花镜以每副不到 50 美分的成本在中国被生产出来，这种进步有着巨大的能量，影响到全世界超过 1 亿有着远视苦恼的人的生活。欧洲的公用事业公司正在探索使用由可再生木材的副产品（包括锯末和树皮）做成的煤球来替代传统的燃料煤。鉴于全世界每年有 60 亿吨的煤被烧掉——这种世界上重要的化石燃料资源正在被快速耗尽——具有如此重要价值的革命性进步会对我们未来的动力提供能力产生重大而恒久的影响。[6]

然而，变革未必一定要非常巨大才重要，不一定要对这个世界的急剧转型产生众所周知的巨大影响。有时，正是各种小小的变革给我们的生活方式及商业模式带来了巨大改观。

联邦快递的兴起便是一个很好的例子。这家由弗雷德里克·史密斯于 1971 年创办的新兴公司在包裹运送方面带来了变革。在联邦快递创立之前，将包裹快速送达远距离的目的地是一件非常困难且成本高昂的事情。联邦快递（该公司在做市场推介时曾自诩为"以时速 550 英里的递送货车提供货运服务"）完全改变了快递的模式，使得隔夜速递信件和包裹成为一种常规的、可信赖的且价格相对实惠的业务。[7]该公司如今已成为世界上最大也最为成功的企业之一（在世界《财富》500 强中排名第 70 位，年收入超过 420 亿美元，拥有接近 700 架飞机、超过 5 000 辆速递货车和拖车），可在它刚开始时，只有几架飞机，这些飞机还是史密斯于 1971 年在阿肯色州小石城购买一家二手航空公司时并购的。[8] 快递领域的小小变革，衍生出了某种更为重大的东西。

变革可以成为可利用的机会，也可成为削弱现有商业模式能力的破坏力量。如果我们从变革中发现机会并践行，那么它有可能具有积极意义并令人振奋，而如果是被动变革，则有可能是灾难性、毁灭性的。

我认为变革和机遇是同义词。提前发现的变革或机遇令人敬畏，鼓舞人心，而与你擦肩而过的变革或机遇会给你带来麻烦。你应该**主动**寻找变革机遇，需要记住的是，有时变革并非如你所期望的那样显而易见。它可能就在你的眼皮底下，在真正到来之前蓄积力量。不管你是否注意到它们，它们就在那里。

当同其他银行的高管们谈起变革时，我告诉他们，他们应该担心的是变革没有先找他们。商界的历史之路，堆满了那些因为没有看到正在来临的变革而被无情碾压的公司的碎片。如伊士曼柯达公司（从事摄影胶片及胶片相机生产，最终被数码摄影所取代）、伯利恒钢铁公司（从事钢铁生产，最终被价格低廉、质量更高的外国进口钢材挤垮）、美国电影出租连锁店 Blockbuster（从事影片租赁，最终被奈飞公司及其他网上 DVD 租赁公司、视频流公司所取代）。

在过去 10 年左右的时间里，我们同样经历了一场银行业的变革。美国很多人都不用再像以前那样亲自走到银行办理业务。他们办理大部分银行业务——从支付账单、查询余额到转账，甚至是用智能手机的摄像头来进行支票存款——都是在家里。那些少数不能在家里办的业务，像现金存款和取款，则可以在银行、购物中心、杂货店或加油站的柜员机上完成操作（在拉斯韦加斯的掘金赌场酒店，有一个柜员机用 99.99% 纯度的金币代替现金 [9]）。如今，你已经没有太多必要专门去银行办理业务。

这就是变革。对于我们这些在银行业工作的人来说，这是完全彻头彻尾地改变了游戏规则。当然，变革是需要时间积累才会到来的。

随着这场变革的到来，我们的行业面临着巨大挑战。我可以清楚明确地说，对于银行业者来说，同现有及潜在客户创立并建立各种关系的最佳途径，不是人们以最优惠的价格快速消费，然后便退出的网页。

银行业务是要依靠客户关系才能发展的，这意味着我们只能也必须同客户保持同步。那么，到底哪里最能够让我们与现有以及潜在顾客建立起各种关系？答案是——银行。在银行，顾客是在面对面地同一个真正的人打交道，因此，这里才是人际关系得以建立的场所，而不是电脑或网上银行。

但是请等一等——有点小问题。因为有了其他选择，顾客现在已经不那么经常光顾银行了，但这里又是我们大部分新账户得以开立、各种关系得以建立的地方。我们的行业现在正面临一个难题——一个由变革引起的难题，而这场变革是科技进步以及培育顾客偏好的结果，这是几十年来我们一直在经历的变化。如果不能适应这种变化，我们就要忍受由此而来的一切后果。我们面临的挑战是：到底要怎样改善银行的功能，以使得它们继续发展，并能够拓展自己的业务？

在安快银行，早在多年以前客户技术刚刚兴起时，我们便意识到，做到同竞争对手相比别具一格是我们作为一家公司所面临的最大挑战之一。这个挑战也是当今每家企业都同样面临的挑战。世界上所有的公司都在通过询问"你为什么要同我做买卖？"这样的问题来试图寻找答案。在银行业中，各家银行提供的可以说是完全相同的存贷款利率，而且都会提供支票账户和储蓄账户，没有太大差别。为了显示我们比竞争者提供的服务更好，我们给同事们创造与顾客进行交流的机会。这种通过人与人之间的沟通而发展起来的关系具有强大的力量，并且给客户带来了良好的感受——竟然会让他们愿意忽略这样的事实：即街道上的另一家银行的存款利率稍微高一点，或者有更好的服务大厅与停车位。

通常，在互联网上购买电子产品的顾客，会先去当地的零售店，或者某家大型的连锁店对要购买的商品做一番调研。他们会向销售助理问个不停，以便详细了解想购买的物品并将自己的选择缩小到一件或两件产品之上；然后赶紧回家，扑向自己的电脑，通过亚马逊购买自己所需的产品。顾客占尽了实体商家的便宜（因为商家为此支付了经营管理费用），通常是根据价格做出最后决定，而对雇用了他们家人、朋友和邻里的那些营业点弃之不顾。更糟糕的是，在网上交易中他们还不一定会支付营业税，于是也同时欺骗了国家和当地政府。

不幸的是，这很可能就是今后的主流。改变这种形势，需要领导者认清现实，并做出相应的反应。现在，采取行动的时刻到了。任何企业，如果不能提出满足潜在顾客利益的价值定位，不能说服顾客在交易当中考虑除了价格以外的东西，那就很可能会走向灭亡。

这就是目前正发生在商业领域的变革。对此，我们要么做出回应，要么让变革碾过我们的身体。在安快银行，我们把这场变革看作一个机遇，以一种你可能预想不到的方式对它做出了反应。

改变游戏规则

我们并没有关闭现有的各地支行，也没有放弃开发新支行，正相反，我们多年前就断定，银行支行仍具有重要作用。但是，银行支行必须要有所进步——我们将不得不让它变得更加重要——而且要快速、彻底地让它变得重要。这回到了我们在 20 世纪 90 年代末设计并建立我们的首家银行营业点时的初衷。在安快银行，我们没有银行支行。我们所有的支行都已全部重新设计为银行门店。它们是充满吸引力的地方，你可以进入这些地方稍做休息，在其中的一台公用电脑上浏览网页、喝一杯独特的安快咖啡或吃一块曲奇饼干，如果你想办理银行业务，当然也可以。

我们总想给人们一个进入我们银行门店做其他事情而不是传统的银行交易的理由。在任意一个下午，门店里可能会有人在上瑜伽课，或者在任天堂 Wii 游戏机上打保龄球联赛，或者有读书俱乐部活动或艺术展。现在，我们的银行门店已成为其所在社区的中心——一个公众娱乐和社交的场所，人们休闲时的好去处。这个对银行业变革的回应以及策略，让我们甚至在最具不确定性的时期，业务也仍然在不断增长。这就是我们在银行业中所引领的变革，是一场我们竭尽所能领先于我们的竞争者——比他们领先一步——的变革。这些竞争者们想方设法复制我们的创意，但都只取得了非常有限的成功。

旧的柜员在一边、贷款客户经理的桌子摆在另一边（外加一条天鹅绒的绳子告诉人们该站在哪里）的老式银行支行时代已经结束。这是一种已经严重过时的模式，也是当前银行业变革中一些银行失败的例子。

另一场最近正在聚集大能量的变革是在卫生保健行业。埃里克·托普，一位圣地亚哥斯克利普斯健康中心的心脏病学家，在引领一场正在兴起的无线药物实践方面的变革。使用一款价值 199 美元的 AliveCor 心脏调节 iPhone（苹果手机）应用程序，托普医生可以掌握所有病人的心率、血压、体温、实时心跳等诊断信息，这跟使用昂贵得多的标准的十二导联心电图扫描仪得到的信息并无区别。使用一款零售价仅为 7 900 美元的小型手持超声波成像仪器 GE Vscan，托普医生可以轻松得到病人心脏内部的图像。这还不到一般花费可达 45 000 美元甚至更多的超声波设备价格的 1/5。根据托普医生的说法，他现在实际上更多是在给病人开手机应用程序，而不是开处方药。这就是变革！

托普医生在医学界被公认为有点标新立异，但他的思路与行为还是有一定的意义。在早已过时的卫生保健行业，一场变革正在发生。这场变革正在被上面所提到的那些技术进步所引领，也在被诸如托普医生之类的冒险者——即正在引领这场变革并在此过程中改变商业模式以及人们生活的人——所引领。

下一场变革即将到来。你改变不了它的航向，你也无法阻止它。那么，你决定在此过程中做些什么？是引领这场变革？还是离得远远的？

如果你对自己行业中即将到来的变革紧张不安，那么就要设法记住，这些变革会提供提升你的公司的难得的机会，使你们远远超过竞争对手。不要在变革面前发呆，也不要采取过激行为，而要拥抱变革，将你的企业调适到能引领变革的位置。思考一下星巴克为咖啡行业所做的一切。我保证你在家里就可以做出好的咖啡，根本不需要去星巴克。那为什么有那么多人成群结队地去星巴克？人们喜爱星巴克，因为那里是一个好去处。那里的咖啡好喝，甚至可以说是超级好喝；星巴克的员工非常注重同老主顾交朋友——老主顾一进门就知道他们要喝什么。那里还有舒适的椅子供他们慵懒地消磨时间，有桌子供他们做一些事情，还有免费的Wi-Fi可以连接到互联网。你也许会在那里看到邻居或朋友，也许会遇见新的朋友。这些因素加在一起，造就了星巴克的成功，也给一个行业带来了变革与转型。

在遭遇各种变革与恐慌时，作为一个领导者，你必须做出具有前瞻性的反应，或者至少对某次变革的潜在影响做出具有建设性的反应。如果只是等待，你将可能错过机遇；如果什么也不做，你就要承担具有破坏性的恐慌的风险，而这种恐慌将在未来的数年内对你的员工、顾客及股东产生负面的影响。

头脑要敏捷

在商业领域，**头脑敏捷**可以指代多种事情：第一是从事某种重大活动或开创性活动时规避问题的能力；第二是在有灾难性威胁袭击企业之前能够沉着全面地进行各种必要的准备；同时这也意味着在各种机遇到来之时能够快速把握住它们。

有一个词我一直很不屑，因为这个词意味着减缓速度，阻止进步。这个词便是**官僚主义**。官僚主义制约你的头脑，任何企业，不论大小，都有可能成为官僚主义的牺牲品。在关于社会理论的开创性著作《资本主义、社会主义与民主》（*Capitalism, Socialism, and Democracy*）一书中，经济学家约瑟夫·熊彼特指出了官僚思维给各种企业带来的危险：

> 处理事务时的官僚方法以及由这种官僚方法所影响形成的道德氛围，毫无疑问会对最为活跃的思维产生令人沮丧的影响。在多数情况下，这是由于个人的开创精神同官僚主义的操作方法很难调和，而这种情况在官僚机器内是天生存在着的。通常，官僚机器给开创性精神提供的余地很小，却给胡作非为提供了极大的空间。从这一点看，这会使具有开创精神的人产生一种受挫和无用的感觉，这种感觉反过来又会导致一种否认他人所做的各种努力的心态。[10]

官僚主义是**变化**的大敌，它会限制你的企业在市场上迅速适应快速变化的环境的能力。官僚主义不是因为你有 10 000 名员工而产生的，哪怕只有 10 名员工甚至更少，你的企业也可能会有官僚习气。如果反应不够敏捷，头脑不够灵活，你的企业可能会错失发展良机。这样的情况尤其令人悲哀，因为并非你没想过要采取积极的措施，而纯粹是因为缺乏采取行动的能力，因为你的公司行动不够快。

你负担不起止步不前。各种变化与变革每天都在向你涌来。有些人足够精明能注意到它们，另一些人则恰恰相反。这些变化与变革是一定会到来的，不管你是否注意到它们，当它们到来时，就一定会影响你的企业。行业形势瞬息万变，这种变化不是技术偏好，便是顾客偏好。你得时时刻刻准备行动，积极利用你周围正在发生的事情或至少注意到你周围正在发生的事情。如我先前所说，**墨守成规**而不是想着让公司变得更好，实际上会让一家企业付出更高的成本。

只要你愿意，就可以走进强劲的逆风当中，但如果风吹得太厉害，你就无法再往前。风会逼你停住，或者把你向后推。在那么大的风中继续前行所要付出的努力，比你走到一边让风从你旁边呼啸而过花费的成本更高，需要付出更积极的努力以及投入更多的时间。在想方设法墨守成规上所花费的钱、人力资源以及生产力，要比想方设法变得更好大得多。更为严重的是，在普遍性的变革中，要墨守成规其实更难。

在《谋求发展，引领群伦》一书中，我举了一个在游泳池深水区中踩水的例子。这个例子概括起来说就是，你不能总是踩水（这代表墨守成规），你完全可以游向游泳池边缘并离开游泳池，将自己的处境往更好的方向转变。这样问题就解决了！

头脑敏捷意味着可以利用各种机会，也意味着可以决定放弃某种机会。问题是，要敏捷到有足够可选择的余地，有足够的时间采取行动，拿出最适合自己公司的方案，然后迅速有效地践行方案。

持续不断地进步是硬道理

通常所说的"那就是我们一贯的行事方式"已经完全被抛弃。在新常态中，不再存在传统的智慧，尤其是在变革和技术发展都**加速度**的情况下。

在安快银行，我们不断努力发展自己的文化并改善我们的传播系统。顾客偏好处在时刻变化中，这使得传统的智慧成为死亡之吻。我自己偏好非传统的智慧，这就是为什么我很少同银行顾问交流。我更喜欢同行业之外的人打交道，他们给我带来的各种非传统观念可以使我具备我的竞争对手所没有的优势，因为在很大程度上，银行业者们都把自己限制在我所称的"银行思维"上。他们只能想到银行该做什么。如果你拥有一家轮胎公司，当知道轮胎顾问告诉你的和他们告诉你的竞争对手的是一样的东西，你为什么还要去见他们？

我要求我的所有员工每天都要进步。这不仅对他们的个人发展非常重要，对企业也非常重要。进步体现在很多方面，有大有小，还有不同的形式。它可以是，"雷，我对我们即将实施的这个大项目已经思考过，因为原因一、原因二和原因三，我将项目推迟了两个星期。这是经过深思熟虑的，我想我们应该如此"。对我来说，这不是什么问题，这是进步。通过对一个问题的深入思考并对可能的风险再三权衡，你或许就避免了某个问题的出现。我会因此而对员工赞赏有加。但是，别犯错误——你知道自己每天在取得什么样的进步总是至关重要的。

每年我们都要同董事会一道召开一次战略性会议，以便把握接下来的五年里公司的总体方向。我也把自己的管理团队召集到一起，就来年我们的各项目标达成共识，而这个必须要能成为我们的五年战略规划的补充。我认为，评估一个人所取得的成就或者将要取得的成就的有效方法是倒推时间。比如假定现在是 12 月 31 日（或者是年终的任何一个日期），在讨论过程中，向团队成员复述设定的所有目标，就像所有团队成员都在当年预算内及时地完成了所有准备工作那样。这会给人什么样的感觉？这些目标足够吗？我们是否太激进了？在倒推中，这些问题的答案会变得非常清晰。

我和我的董事也经常这样做。我将所有的目标进行回放，让他们清楚到年终时，我们会达到什么样的目标。我在脑海里勾勒出一幅画面：如果经济和世界都正常运转，我们一直控制着自己的命运，那么，这就是我们一年后可能实现的进步。通常，我们对于自己来年的目标都很明确，很有信心会在实现这一目标的过程中持续发展。这是评估成就的另一种方式。

勇于应对

整个世界确实都在变动之中，变革和变化犹如夜空的烟火，持续不断地在我们头顶绽放。对有些公司来说，这些变化，如同日新月异的技术那样，真是应接不暇。对另外一些公司，它们的实力不足以抵挡各种经济风暴所造成的损失——这些经济风暴最终将营造出我们有望在其中发展兴旺的新的常态环境。然而，对于那些愿意接受变化、愿意组建一个敏于行的团队、期盼在新的环境中每天都取得进步的人来说，逆风即使强劲，他们也会设法渡过难关。

"Just Do It（想做就做）" 20 多年以来一直是耐克体育用品的口号。在当前的环境下，**我的**口号是，"Just Deal with It（勇于应对）"。

思 考 题

- 新常态是怎样影响到你所从事的业务？又是怎样影响到你个人？

- 你如何将不确定的时机变为更确定的时机？你的办法有效吗？

- 对变化感到恐惧在你们企业普遍存在吗？如果是这样的话，你通过做哪些事情来缓解这种恐惧？

- 在你的行业，你们具体做了哪些事情来辨别即将到来的变革？又具体做了什么事情来应对这种变革？

- 你的行业正在以何种方式发生变化？你具体做了什么事情来进行回应？

第二章　实情——唯有实情

我坚决相信民众，如果让他们知道真相，他们便可以应付任何国家危难。关键的一点是，必须让他们知道真相。

——亚伯拉罕·林肯

困难的时期，往往充满不确定性，员工们也会紧张不安：明天有活儿干吗？公司明天还存在吗？作为领导者，要毫无保留地告诉员工实情，避免公司上下因未知产生恐惧。消息并不一定都是好的，但你的员工有权利知道到底发生了什么，这样他们就可以去应对。

有些人把实情看作相对的概念，换句话说，就是实情与告知的实情之间有着程度上的差异，这个尺度根据告知实情的目的以及员工了解实情后可能会有的结果来调节。有些领导者害怕告诉员工他们可能难以接受的实情。这是为什么呢？我唯一能想到的原因就是，这些领导者担心将实情对员工和盘托出会让他们心绪不宁，甚至有可能将信息透露给公司的竞争对手或媒体。

　　根据我的经验，这是领导者有可能犯下最大的错误之一。

　　我想，我们所有人的最大恐惧（这种恐惧在某种程度上每个人都有）就是对于未知的恐惧。当你晚上独自在家，听到来源不明的声音时，很自然的反应就是感到不安，直到能确定声音的出处。同样，在商界，人们也有担心或者忧虑的时候，比如，你的公司刚刚被收购，或者要同比自己强大的竞争对手合并，这是人之常情。如果没能对一些未知做出比较好的解释，员工的这些担心和忧虑将会削弱公司的力量。而如果公司在进行大规模的变革或解体，员工们可能也会产生疑问，包括：我的公司会怎样？我的工作会怎样？我本人会怎样？

　　这些忧虑是完全合乎情理的，而且往往不是空穴来风。2013年4月，移动通信供应商美国T-Mobile在同MetroPCS实施合并的初期，宣布了一系列裁员计划，同时悄悄裁减了西雅图总部的营销与运营集团中多达400个高薪酬职位；而这就发生在公司于当年年初解雇了4 200多名呼叫中心工作人员和其他工作人员之后不久。[1]2013年3月，第一加州银行宣布要解雇总部的55名员工，这是其被西太平洋银行收购的直接结果，除此，两家银行有重叠支行的区域预计也会有进一步的裁员。[2]

　　正在困境或变革中的各家公司，员工有恐慌情绪属于正常，员工们会普遍担心自己未来的处境。总体来说，这些便属于对未知的恐惧。员工的这种担心如果泛滥，会造成严重破坏。就像入侵性特别强的流感，会快速传播——不仅在公司内部传播，还会传播到供应商、顾客和其他相关人员那里。作为领导者，要对公司和员工负起责任，以最快的速度消除这种恐慌情绪，随时准备应对由其带来的各种后果，因为这些后果可能会使公司在未来付出高昂的代价。效率高的领导者应密切关注那些出现恐慌情绪的员工，并立即采取行动。

为什么要告诉实情

如果员工对未知感到恐惧，他们的产出、工作能力，还有公司的士气，都会受到影响。这种由不确定性产生的后果，无论对公司还是顾客，都非常不利。在极端情况下，这类恐惧还会导致焦虑症。这种焦虑症，按照美国焦虑症协会（ADAA）主席杰瑞琳·罗斯的说法，"所有的不理性、看起来无法控制，和令人恐惧的想法，都有可能导致回避行为。通常，这种疾病的患者完全能够意识到自己的行为缺乏理性……而且，更重要的问题是，在大多数情况下，这种疾病会损害一个人的正常身体功能"。[3]

作为领导者，你会怎么办呢？会怎样解决这种不确定性，消除这种恐惧？

信不信由你，避免让公司上下对未知产生恐惧的最有效方法其实很简单——告诉员工实情。这听起来也太容易了，是吧？的确是"听起来"很容易，因为对许多领导者来说，要"告知实情"，做起来很难。这不是说他们想撒谎或者隐瞒，而是他们认为，让自己的员工、公司以及利益相关者了解实情的时机还不成熟。的确，只有当他们认为时机成熟时，才会原原本本地把实情说出来。

通过多年做领导的经历，我发现，员工们是**有能力应对**实情的。即使在没有好消息的时候，如果知道真相，了解到形势会对自己产生的影响，大多数人都会理性着手调整自己，并开始制订计划。换句话说，担忧导致的负能量，已经被正面的、富有成效的积极行为和态度所取代。

我总是告诉员工，他们有权得到其心中每个问题的答案。我让他们了解，在关涉他们切身利益的问题上，我是不会为自己辩护的，会解释清楚情况。但我也告诉他们，这绝不意味着他们会喜欢我告知的那些答案，而我告知的，一定会是实情，因为我知道，他们能够应对实情。这当然很可能会节外生枝，但我们将能够解决。我们做到了。

我还认为，领导者隐瞒实情，希望选择恰当时机或者想方设法制造轰动效应以从中获益，是不对的。他们有义务尽快让员工知道实情——我是说，**绝对要**以尽可能最快的速度。如果不这样做，就别指望能在公司建立起上下信任关系，也无法激励自己的员工，更别指望成为一名有效率的领导者。我不在乎自己告诉员工的消息有多糟糕，你得把员工看作真正的成年人，提供给他们所需要的信息，让他们自己做出判断。这并不像听上去那么简单，它要求纪律和行动。

对于安快银行，在过去几年中我们已完成了很多次的企业并购。每次办理并购，得到官方的认可之后，我的第一个行动都是召开员工大会。在会上，我会对我们刚刚并购过来的公司员工发表讲话。我知道，一般这些人这个时候都很焦虑，很紧张。他们不知道等待自己公司还有他们个人的，将是什么。在员工大会上，我会介绍我们，会说明在接下来的融合过程中我们将要实行的计划或措施，会让新同事初步了解安快文化和安快文化对于他们的意义等。每次我还会不失时机地将话题转到这个问题上——"你会怎么样？"——因为我知道，只有这样，他们才能真正听进去我所说的话。他们很想也很需要知道自己会怎么样。

我知道坐在会议室某个地方有个审计主管心里在想，"雷，你的公司已经有了审计主管，你不会需要两个审计主管吧？我会被解雇吗？"在安快，当裁员这一问题出现的时候，我们都会对员工明确立场——不管是在并购过程中，还是部门合并，抑或是简单的组织变化——我们都没有要从公司淘汰出哪个人的打算。我们的办法是：明确告诉新员工，的确存在冗余人员，这会导致部分职位的清除。然而，清除的是职位，不是人。如果你的职位被清除，我们会让你申请正在招聘的150个公开职位中的一个，并且希望你能从中找到用武之地。

我们把一切事情都摆到桌面上，让员工以自己的方式，去应对最终的结果。通过绝对坦诚的态度，员工们得到了他们想知道的答案，你也能够为他们顺利度过这段不确定时期提供必要的帮助。

及早地并以尽可能多的方式进行沟通，是我告诉员工公司实情的最基本策略。我很注重定期把最新消息发布给公司上下的员工。我们通过多种传播途径来做这件事情，包括每季度一次的广播会议或电视会议、员工大会、焦点小组会议、围绕员工取得的成就所举行的各种活动等。一年四季，在公司的业务地域范围内，我们召开各种会议。一些具有重大里程碑意义的活动，如企业并购等，地点会被选在市政厅。我们把这些活动，当作激励员工、激发他们热情、同他们交流的难得机会。

在大衰退时期最糟糕的日子里，我们增加了员工大会的次数，因为我们认识到确保公司每个人都意识到管理层在想方设法把公司带往更加美好的未来是多么关键。当员工对经济形势的不确定性感到焦虑时，这些会议就是我们消除或至少是缓解他们焦虑情绪的方式。我们让他们感觉到某种有把握的东西——即我们将确保公司屹立不倒，不论周遭环境多么糟糕。

20 年前，我们刚开始召开员工大会的时候，中间总要留出一些时间，回答员工所提出的各种问题。考虑到安快的独特文化，我们以特别的方式，完成这个环节。这非常有成效。要消除员工对未知的恐惧，方法之一就是确保你在聆听并回答他们的问题，因为这些问题反映出他们的焦虑所在，以及看待事物的方式。在召开第一次员工大会之前，我们要求所有的员工将问题提交到文化部——如果他们愿意，可以匿名，换句话说，我们允许他们问**任何**问题。

在员工大会期间，我回答了每个同事提出的问题，但有一个附带条件：我必须读出他们的问题，他们怎么写，我就怎么读。不管问题有多尖刻，我都原原本本地读出来。我以自己的赤诚来处理哪怕是最棘手的问题，并直接做出回答。多年下来，我们员工大会上的匿名提问环节，已渐渐变成一个重要的沟通手段，它消除了员工们的担心，也使管理层了解到了真实情况。

为什么要匿名呢？这是为了让员工觉得，自己的提问是安全的：即使他所提的问题触及公司的一些错误或糟糕的决定，也不会、不可能出现被报复的情况。毕竟我们都是人，而人无完人。要求员工拿着麦克风，在一大群共事的人面前站起来，向首席执行官提一个十分尖锐的问题，对他们是有难度的，道德上也存在争议。这种方式很难带来真正意义上的交流。我也可以担保，其中的许多尖锐问题你是听不到的。别忘了：如果你被别人逮住有不诚实的情况，或者在误导同事，哪怕没有恶意，那也是在给自己挖一个让人对你失去信任的坑，你有可能永远跳不出这个坑。如果你真的那样做了，人们需要花很长时间才能忘记。

我们每季度一次的广播会议以及焦点小组会议，都有不同的目的，但它们同那些向员工们传达实情的会议效果完全一样。每个季度，在告知公众我们的盈利情况之后的第一天，我会召开广播或者视频会议，向员工们解释公司的财务展望及其他相关信息，包括对当季做出过巨大贡献的员工的表扬。这些都结束时，我总是告诉他们，如果还有问题要提，可以发电子邮件给我，我会尽快做出回应。

安快有超过 2 500 名员工，对于他们提出的每一个问题，我都以最快的速度回答——通常就在当天。这是我作为领导者所能做的最有效的事情之一。因为我关注他们，尊重他们的经验和看待问题的视角，而这也强化了安快"讲真话"的企业文化。在这个问题上，我以身作则，并期盼公司的其他领导也都像我这样做。这是应该做的正确的事情，它能够消除公司中的不确定性，消除员工对企业未来以及他们在企业中的地位可能有的各种担心。

我们的焦点小组会议则更加深入。这些会议，通常都是在有需要时临时召开的。我会邀请 10~12 位员工，跟我一起喝咖啡，讨论公司的情况。

我有意不邀请管理层人员，只邀请各个部门的员工。交谈时，我恳请并鼓励员工，就公司的情况向我提出既诚实又有建设性的批评意见。一切事情都摆在桌面上谈，从我们门店所提供的咖啡，到我们用来训练和提升员工的公司内部培训等。我告诉他们，"如果意识不到自己所做的一切还不够，还很低效，就别指望公司会变好"。通常，很快我就可以获得一大堆在哪些方面需要进行改进的意见。会后，我全力跟进这些意见反馈。为纠正出现的问题而采取行动会让员工们明白，我们非常想把事情做好，我们也尊重他们的意见。在一些非常艰难的时期，这些会议尤其珍贵。

有些人认为，对人真诚需要勇气。对于某些人来说，有可能是这样。但是我个人认为，对人真诚并不需要什么勇气。我觉得，对人真诚是必需的，讲实话应该是世界上最容易做的事情——不论是在顺风顺水的时候还是身处逆境的时候。无论有多容易或者有多难，讲实话永远是领导力工具箱中最好的解药，它可以消除有可能分散员工注意力的不确定性，这种不确定性会影响他们的工作能力。

如果你对自己、员工以及手头的问题都不真诚，怎能指望有更好的结果？怎么能指望解决那些必须要面对的各种问题？

在克服不确定性、引领群伦上，商界的赢家永远是那些在充满挑战以及坏消息的情况下，仍然对员工真诚以待的领导者。一个领导者很容易会这样思考问题：**这消息真的不怎么好，我很讨厌自己就是那个告诉员工这个消息的人。也许我最好不告诉他们，等时机更好的时候再说**。这样做的危害远远超过了他们的想象。员工们是有能力应对实情的。当然有人会说，一个领导者说话太直白，或者太直率，可能会把员工吓坏。我认同沟通方式非常重要，但我相信，大多数的人都是宁愿相信残酷的事实而不愿被人引着往太虚幻境似的"成功之路"上走。

对自己真诚

要对自己的员工真诚，首先要求你对自己真诚。如果你习惯欺骗自己，这肯定会延伸到你在工作和个人生活中同他人的各种交往中。

加州大学洛杉矶分校的篮球教练约翰·伍登被认为是有史以来最伟大的领导者之一。他为加州大学洛杉矶分校所创造的纪录包括4个赛季全胜、88场连胜、38场美国大学生篮球联赛连胜、20场PAC联赛10次冠军、10次全国赛冠军。伍登说，他父亲深信，既对自己诚实，也对他人诚实，是拥有成功人生的关键。关于生活，他父亲为他和他的兄弟们制定了两套"三句话格言"。这些格言是他正确做事、得体做人的指南针。

第一套"三句话格言"强调在生活中要对他人诚实：

- 永远不要说谎；

- 永远不要欺骗；

- 永远不要偷窃。

第二套"三句话格言"强调要对自己诚实：

- 不要抱怨；

- 不要诉苦；

- 别找借口。[4]

为什么现在大家都对自己不诚实呢？这有什么风险吗？

对失败的恐惧是一大原因。有些人会想：如果我爬上树枝（陷入困境）而树枝断了，我的同龄人会怎么看我？我的家人会怎么看我？事实上，我们不应该理会这个问题，也许这个问题很快就会过去，好事就在后头呢。

恐惧会让你不敢行动，使你回避现实。恐惧麻痹反射是真实存在的，当我们还在子宫的时候，它便成为遗传的一部分——是我们与生俱来的东西。新生儿在感觉到对自己的生命有威胁的事件时，身体会无法动弹，不能够做出反应。人的生理上，确实存在一种即时的运动麻痹，表现为长时间的全身性不能动弹、缺乏反应以及心跳猝然停止。[5]在成年人身上，恐惧麻痹反射表现为退缩、置身于陌生环境时的恐惧以及对所有新的和不熟悉的事物的回避。[6]

假设你被医生诊断出患有恶性肿瘤，是会把这一事实告诉自己心爱的人和同事呢，还是装着什么事也没有发生过？我想，当你对自己和他人都回避这个事实时，危害可能更大，个人生活和商界都是如此。

如今，奥德瓦拉是一家生产健康饮料和营养棒的生产企业，以其搞笑的产品命名而著称。这些产品名称包括经典的"草莓C怪物加枸杞果探戈水果浓饮料"、"香蕉灌篮"和"巧克力–你最重要"等。该公司成立于1980

年，坐落在加利福尼亚州的半月湾，于 2001 年被可口可乐公司收购，当时的员工大约为 900 名，年收入大约 1.21 亿美元。[7] 现在，看着这家繁荣兴盛、盈利丰厚的大公司，很难相信 10 多年前，它曾遭遇一场浩劫，被逼到崩溃的边缘。

1996 年 10 月，有 66 个人在喝完奥德瓦拉公司没有经过巴氏灭菌法灭菌的苹果汁后生病了，那些产品被大肠杆菌所污染。其中有 14 人是儿童，他们的身体遭到永久性的伤害；1 人是蹒跚学步的幼儿，直接死亡。几乎一夜之间，奥德瓦拉公司的销售量下降了 90%，公司的股票也猛跌 34%。很快，奥德瓦拉公司面临 20 多宗人身伤害的诉讼、大陪审团调查以及 650 万美元的产品召回费用。[8]

这个时候，奥德瓦拉公司的首席执行官史蒂芬·威廉姆森站出来发表了声明，"我们的愿景与宣言是苹果汁将滋养人的身体，可是，人们却因我们的产品而生病了。还有一个名叫安娜的小女孩死于我们的苹果汁产品，奥德瓦拉的世界永远改变了。我们的公司将永远不再是原来的公司了"。[9]

那么，到底是什么让奥德瓦拉公司在经历这样毁灭性的事件之后仍然存活了下来？

一句话——**面对事实**。

在弄清楚公司的产品是大肠杆菌疫情暴发的源头之后，奥德瓦拉公司的领导团队没有拒绝承认这个他们其实并不想接受的现实，而是立即采取了行动。在 48 小时内，该公司就从美国和加拿大的 4 600 家零售营业点里撤下了所有含有胡萝卜汁和苹果汁的产品。随着危机逐渐过去，奥德瓦拉的核心领导团队由每 15 分钟碰一次头，通报最新消息，并做出各种决定，减少为每小时一次，之后一天两次，最后一天一次。[10]

奥德瓦拉公司的领导团队第一时间将实情公之于众——迅速承担起导致大肠杆菌疫情暴发的公共责任，并建立起定期在全公司范围内召开电话会议的制度。奥德瓦拉公司还买下当地报纸上之前用于促销自己产品的广告版面，提醒广大消费者关注大肠杆菌疫情，主动提出承担受到感染的消费者的医疗费用，并让公众时刻了解事件的最新动态以及公司的下一步打算。

1996 年 12 月，也就是在危机发生之后的第二个月，奥德瓦拉公司引进了一套精密的质量监控系统，安装了价格昂贵的瞬时巴氏杀菌机械，以确保产品的安全。如今，奥德瓦拉的悲剧已成为久远的记忆，该公司也一直正常运行。[11]

在我看来，奥德瓦拉公司之所以能从如此巨大的危机中存活下来，其原因是，在需要告诉公众实情这件事情上——无论要付出多么惨重的代价——威廉姆森和他的领导团队都没有逃避。他们对自己坦诚，对员工坦诚，对供货商坦诚，对顾客坦诚，对政府监管部门同样坦诚。

那么，领导者怎样鼓励员工对自己诚实呢？

如果你身处管理层，那就意味着你已战胜艰难困苦而得以提升。就我而言，凡是为我工作的人都能得到很好的回报。除此之外，还有一种期盼，就是希望员工能真诚而谦卑地处理各种事务、解决各种问题。如果发现哪个员工不能做到如此，我会生气吗？很可能会，因为最基本的期待都没得到满足，而且这影响了我努力建立起的对员工的信任。但是，我能做的最重要的事情，是问他们对此种情况有何应对之策，并且要求他们识大局。

我经常不得不跟我的员工说，"明早 8 点把你的项目计划带到这儿来，告诉我你准备怎样让我们摆脱你所制造的麻烦"。我肯定他们在那个晚上没睡好觉，但那是他们找到解决方法的唯一途径。

如果员工们经常来我这里，我往往能够帮助解决出现的问题。对于发生的事情我并不满意，因为我觉得，他们没有对形势做出全面的评判，或者他们甚至还没有意识到这一点。我认为领导者应该具备控制力。这意味着他们要掌握自己的部门或科室所发生的事情，要能够把控——他们是掌舵的，不能任由船儿把他们载向深水区。

我要我的员工能自信地跟我说，"是的，我们意识到了那个问题，那是个大问题。我现在还没找到解决的办法，但我们正在努力攻克这个难题。给我时间，到星期三我会告诉你解决方案"。这种自信让我知道，这个人没有因某事太可怕而在心理上无法承担，他意识到了问题所在，正在积极想办法制订解决方案。这种积极的姿态就是进步。人们有时的确会因为问题很大而产生胆怯畏惧情绪。这个时候，作为领导者，有时就不得不推一把自己的员工，让他们朝着正确的方向前进。

思 考 题

• 回避告诉自己的员工真相是领导者所犯的最大错误之一，你能坚持讲真话吗，即使在困难时期？

• 你是否隐瞒过实情直到你认为"时机成熟"？你在什么情况下会这样做？

• 你和员工沟通的渠道是什么？你能做些什么来改进这些交流渠道？

• 你如何做到对自己的员工坦诚？对自己坦诚？

第三章　问题及其补救

领导便是解决各种问题。如果你的员工不再给你制造各种问题，就意味着你不再能引领他们。这要么是因为他们失去了对你的信心，要么是因为你对他们不闻不问。不管哪种情况，都是领导者的失败。

——科林·鲍威尔

领导者会面临各种挑战，这是他们工作的一部分。也正是他们处理自己所面临问题的方式，体现着他们的领导能力。不管我们喜不喜欢，别人的看法都很重要。有时，并非我们做成了什么，得到他人的认可，而是我们做了什么，以及如何做，影响着别人对你的判断。

尽管商业世界的各种问题与挑战，并不只是在困难时期或不确定的时期才冒出来，但通常是这些时候，挑战更为常见，也更为严峻。当严峻的危机直逼公司时，需要领导者站出来并采取行动。逃避问题绝不是明智之举，采取行动的好处很多：公司可以较快恢复到正常状态；问题能够更快地得到解决。

从开始，领导者在如何处理公司紧急或突发问题上，就一直经受着考验。其他人则一直在观察，看领导者是勇于直面，还是逃避责任并且无所作为。在这些考验中，有的领导者会变得更加权威和有力量；有的领导者则一步步丧失自信心，失掉领导能力。在许多时候，强大的领导力其实是非常脆弱的。这听上去好像有些自相矛盾，但领导力会因领导不力而被削弱，行动力会因行动不力而被解除，领导力并不是一直存在的。

领导力中最根本的是处理日常问题、困难及争议的能力。你不能一遇到问题便躲避，并真的相信那些问题会自然而然消失。这种事情不可能发生。我愿意打赌，那个你觉得离你而去的问题会再次回来，并且变得更加棘手。

绝大多数情况下，在个人生活或企业生活中遇到问题时，人们喜欢拖延，而不是做最快速有效的事情：解决问题，继续前行。问题拖延下去，会使公司或我们个人处于危险之中。忽视这些问题使其不断积累只会造成更严重的问题，最终一发不可收拾。

对有些领导者来说，推迟行动可能是合理战略。如果不做决定，怎么会失败呢？有意思的是，英语中"decision"这个词，其词根来自拉丁文：de（从某处下来）和cado（落下）。这个组合词（decido）的各种形式可以表达包括"跌倒"、"倒塌"、"沉没"，"毁灭"，甚至是"倒毙"等在内的各种意思。这些意义都指向那种进退维谷的境地。如果领导者做出**错误的**决定，很有可能会导致公司的崩溃或者破产。解决的办法呢？在他们看来便是不做任何决定，一直拖着，直到被其他事情所替代。

在安快，我们期盼员工们做出各种决定。我更愿意我的员工们犯错，从而有机会吸取教训，而不愿意他们因担心自己失败而拖延或干脆一直不做决定。我不希望我们的员工害怕做决定，我会尽我所能，在我们独特的企业文化中强化这一理念。

在安快银行，我们有一个屡屡被人们提到的行为准则。这个行为准则与解决问题密切相关：在公司，永远不要向下级或者同级抱怨。如果员工碰到他们不能解决或者困扰他们的事情，我们要求他们向"上级"抱怨。理由很简单：同级或你的下级多半解决不了你的问题。向同级或者下级抱怨，那就是在强调老话所说的"同病相怜"，只会让别人感到难受，或者担忧。这有什么意义呢？你需要向上反映到那些有能力帮助你解决问题的人那里。这是常识。

面对现实，不要自欺欺人

当世界充满了不确定性，经济恶化，公司碰到问题时，人们很容易回避现实。2008年房地产市场崩盘的时候，许多银行都面临巨大的贷款损失。当时，一些银行业者都这样说，"我认为不会持续很长时间。这只是一个小插曲，我们很快就会回到正常的轨道上。不用担心"。

后来的结果表明，这些人，打个比方，就像鸵鸟一样把头埋进沙子里——自欺欺人，并逃避解决所有棘手问题。显而易见，经济有可能变得越来越糟，但他们没有为之做好准备。正如我们现在所知道的，当时的经济形势的确比我们想象的要严峻得多，并最终引发了今天仍未复苏的经济大衰退。金融产业在此期间遭受重创，要完全恢复仍需时间。

在过去 5 年中，成百上千家银行倒闭，美国的商业总体上处于危机之中。由于丧失房屋赎回权的比例上升到了历史最高位，加上在 2009 年最后几个月中美国政府所报道的失业率与 10% 的最高纪录持平甚至超过了这个纪录，美国民众也遭受了巨大的损失。很多美国人成功地挺过了这场经济危机，但也有很多人，虽然不是自身的失误，却最终未能从这场风暴中幸存下来。还有一些人，拥有丰富的资源，却没能利用它们过上更好的日子，现在他们知道了自己不作为的后果。

直面自己的现状，不管它有多好或者多坏，并采取行动，这才是要做的正确事情。你还有其他选择吗？如果连自己的问题都不能勇敢地去解决，又怎么能解决其他问题并度过艰难时期？有很多人可能天生就能积极地正视现实；另一些人则很尊重在步履维艰的时候愿意做正确事情的人。人们天然地有着很强的适应能力，即便被人怀疑，如果认为自己所采取的行动能改善局面，他们会任由别人评说。

2007 年初，安快银行是北加利福尼亚州最大的独立社区银行。当房地产市场危机开始显露端倪时，我清楚地记得我曾驱车前往加利福尼亚州的萨克拉门托，这里后来成为该州房地产市场崩盘的中心地带。在驱车向北行驶在州际公路上时，透过车窗，我看到高速公路两旁成百上千（如果不是成千上万栋的话）栋新房屋屋顶。那个地方没有任何树木，只有以惊人速度拔地而起的一栋栋新房子。一英亩又一英亩先前的牧场正在被转化成街道小区。要看出其中的潜在问题，并不需要你聪明绝顶。

我还记得当时产生的疑问：**萨克拉门托的基础设施怎么能够支撑这种建设速度呢？**（它不可能维持得了。）这个疑问甚至更恐怖：**如果住房的供需关系严重失衡，会对这里的住房市场产生什么影响？**（不会是好的影响。）我觉得，对于业主和开发商，还有作为他们债权人的银行，这种影响将是一样的，很可能是毁灭性的。

那天，回到位于俄勒冈州波特兰的办公室之后，我要求几位贷款执行官向我简要报告我们在整个地域内房地产贷款的风险敞口。我最感兴趣的是住宅开发贷款以及未开垦土地开发贷款的情况。得到的信息并不鼓舞人心。当时，安快银行在这些大的类别里有超过 7 亿美元的贷款。我们遇到问题了。

既然找到了问题所在，那么接下来要考虑的是如何应对。我们有两个主要的选择。第一，我们可以蹲下来，什么事情都不做，只盼着房地产市场不要再进一步萎缩。这毫无疑问是一种颇具吸引力的可能，但当时没有任何迹象表明经济会突然好转。第二，我们尽己所能以最为真诚和透明的姿态来应对当时的形势。如果动荡的经济总体态势持续下去，就需要采取行动来保护我们公司免受这种潜在的、危险的金融风险敞口的影响。

我们采取了第二套行动方案。

在确定市场恶化将会给安快带来风险之后不久，我们决定将各种可能性公之于众。在纽约召开的一次投资者大会上，我告诉所有的投资者安快所投放的房地产贷款的敞口，并告诉他们，我们谈到的所有问题贷款目前都运转良好。并且，我也让他们知道，如果房地产市场恶化、住房价格大跌，房屋销售困难，这些贷款就会存在风险。

投资者们对我当时所说的这些话并没有做出积极的回应。我们的股票价格遭到连续重创，并且我很确定，在那时候，华尔街并没有把我们放在眼里。然而，现在回想，将遭受贷款损失的可能性摆到桌面上让所有人知道的那一决定，仍然是我有生以来所做出的最高明的商业决策之一。为什么这样说呢？因为，一旦问题暴露出来，我们就必须去应对。这就意味着解决问题的过程可以启动了。

在接下来的几年时间里，我们就是那样做的。由于快速采取了行动，安快银行挺过了大萧条时期，资产负债表比我们刚开始时更加强劲。的确，和许多其他金融机构一样，我们也遭受了种种损失，但我们以比大多数同行更快的速度，度过了危机；并且，由于在银行被很多人看作"邪恶帝国"、有太多银行试图无视自己不良贷款的时期，我们的财务状况透明良好，我们得到了华尔街和缅因街的尊重。

要避免被人否定并不难，但那的确需要不小的勇气。接受事实，想办法将所有可能遭受的损失理清楚，然后一心去做你应该做的事情。承认所存在的问题可能占据决策过程的一半，因为一旦你承认问题，就不得不采取行动。在许多案例中，人们都表明了他们承担起责任的愿望以及具体为之做出的努力。

我们来看看摩根大通银行首席执行官兼董事长杰米·戴蒙。在他的公司遭受数十亿美元的交易损失时，他恰好正在其位。戴蒙，这位世界上最受尊敬的银行高管之一，因其卓越的领导技巧而备受尊崇。当这场危机被摩根大通银行内部的员工注意到时，戴蒙迅速承认了它的存在。他没有试图掩盖或扭曲实情——用他自己的话说，那是"一个可怕的、令人震惊的错误"。他明确地承认，这场危机是摩根大通银行内部所开展的经营活动"漏洞百出、程序复杂、审查不严、执行乏力、监管缺位"的结果。[1]

不可否认，这个问题给他的公司带来了耻辱，而当国会介入其中，这个失误也为整个金融业带来了麻烦。但他挺身而出，为这种混乱的局面承担起责任。如果当时他没有采用这种方法，没有做正确的事情，那么，今天在我撰写此文时，这场危机对于摩根大通银行来说可能仍将是持续存在的问题。

在无数的例子里，各种问题被忽略或者故意掩盖，使得个人和公司长时间暴露在公共媒体下，遭受痛苦。如果他们在这些问题一出现时就直面并予以解决，就完全不会有这种后果。

再以令人扼腕的传奇人物兰斯·阿姆斯特朗为例。官方发现他的几位自行车队队员在环法自行车赛期间服用了能提高比赛成绩的药物，这些队员承认了这一点并承担了所有后果。

这些人承认自己的欺骗行为，并为之付出了代价。但这里的问题是：你现在能记起他们的名字吗？我打赌你记不起来了。对他们个人而言，这个问题很快就在公众的视野中消失了。但兰斯·阿姆斯特朗选择了否认他与兴奋剂丑闻有任何关系，并且即使在他的队友们讲的完全是另一种情形的时候，他也拒绝承认他曾参与其中。他攻击报道他服用违禁药物的那些人，在媒体上对他们大肆抨击，甚至将一些人告上法庭。他的所作所为让这一问题持续发酵，也毁掉了自己的名声，同时使自行车运动丧失信誉，而这很可能需要花很多年才能恢复。如果 10 年前这个问题刚出现时他认个错，承认，"是啊，我也服用了同样的药物"，我坚信，这件事情是不会再在今天的新闻中出现的。虽然一段时间内这可能对阿姆斯特朗以及环法自行车赛不利。

把握时机是硬道理

把握时机非常重要，但我更愿意提醒各行各业的领导者们，早一点承认问题并解决问题比晚一点对你更好。话虽如此，但我并不认为一个人匆匆忙忙地站起回应说："好吧，让我来告诉你我的所有问题"，然后五分钟之后，那些问题就全都解决了。有些出现的问题，你自己能够解决，那就没有必要到外面去向全世界宣告。但如果是对你的公司或个人生活产生重大影响的事情，不着手处理就不会得到解决，那么通过采取行动，将问题公之于众，解决问题的过程就开始了。最重要的事情就是，当出现问题时，不要否认它们的存在。

如果你正准备去度假，却发现屋顶上有个小洞，你会怎么办呢？是视而不见说"回来再修"呢，还是直面这个问题立刻请人把洞修好？事实上，如果忽视这个问题，很可能在你度假回来时，会发现在你外出的这段时间，漏水给你家造成了非常巨大的损失。而如果在当初发现问题时，花一两个小时的时间快速将其修好，就不会有现在费时 5 个星期的对整个顶楼的改装了。

　　我想，和那些喜欢拖延或者回避做决定的领导者一样，这里可能存在着害怕失败和经济损失的因素。这个因素有时会妨碍人们去应对问题。对失败的恐惧可能会模糊一个人对正误以及关键问题的判断。无能的领导者会束手无策——因为这种对失败的恐惧而感到无能为力——强有力的领导者则能摆脱这种恐惧，让公司较快回到正常的轨道上。

　　如果人们拖延了太长的时间才去解决问题，有可能会出现时机太晚而无法挽回的情况。所以，一旦发现需要同自己的员工们一道解决的问题，就要把握时机及时处理。要记住，拖延得越久，对未知的恐惧持续的时间就会越长，并且这种恐惧还会引发更为严重的问题。

与员工有效沟通

　　人们对于那些有足够的勇气站出来并面对现实的个人都会有极大的尊重。我这里讲的不是那些 10 年之后才最终面对现实的人（如兰斯·阿姆斯特朗），而是那些在问题刚一出现就面对现实的人。这是至关重要的。

　　我们都害怕个人的失败——丢面子、丢工作、因碰到问题或犯错误而自尊受打击等。但以我的经历来看，大多数关注你的人都不在乎这些，他们更关注的是你在做些什么来解决面临的各种问题。如果人们不断地说，"瞧，这就是问题的所在，的确很不幸，但它已经出现了，我们得应对它，把它解决掉"。那么，他们的公司就会大大地获益。与其让公司的每个人都担心所犯的错误，不如让他们转到这样的问题上来："我们到底能做些什么来解决这个问题？我们如何才能尽快了结这件事情？"

与所有其他企业一样，安快银行也经历过一些重大的困难时期。当这种局面到来时，我们做了很多决策，以引领公司往更好的方向发展。2007 年年末，当经济大衰退及不确定性袭来时，我们决定把所有超过一定工资水准的人员的加薪都推迟 6 个月进行，包括我本人和管理团队的所有成员。对我的一些员工来说，这当时很难接受。但是，我知道这是正确的做法。我希望我的员工们理解，所有人都有可能被要求做出牺牲，以便共同度过困境。我们有些管理人员觉得这个决策太过极端，并且觉得没有这么做的必要，因为情况并没有那么糟糕。他们担心这一决策会影响士气以及员工们的情绪。我不同意这种看法。我认为，在日益严重的问题到来之前就采取行动是正确步骤。不过，我也知道，就这个决策与员工们进行沟通，必须由我亲自来处理，而不能授权其他人完成：我的员工们需要听到我的声音，我需要倾听他们的责备或者批评，并且得到他们的理解。

在随后的电话会议中，我让员工们充分地了解了我所做出的决策。我非常详细地陈述了为什么要推迟加薪，并解释了这种做法对每个人的意义。我还让他们在电话会议结束后依然可以找我，以便回答他们还可能存在的任何问题。我有信心，即使我做出了影响员工们收入的决策，但在没有证据证明我的决策是错误的之前，他们一定会给予我肯定的评判。

就连我本人也对员工们的反应感到惊讶。电话会议结束后，我收到一百多封公司上下员工的邮件，他们想让我知道他们能够理解。其中一封邮件这样写道，"看到您在为公司做一件正确的事情，真是太好了"；另一封邮件只有简单的一句话，"谢谢您"。这真的非常暖人心怀。解决公司的各种问题并非总是令人愉快，但依然要做正确的事情。

• 每个公司都存在各种各样的问题，你如何找出你的公司正面临的主要问题？

• 你喜欢做各种决定还是避免做各种决定？你所寻求的方法如何影响你解决公司各种问题的能力？

• 你通常会直面现实，还是自欺欺人逃避？你所寻求的方法对你解决公司的各种问题有什么影响？

• 你会采取什么措施来激励你的员工们直面问题？

第四章　管控与不确定性

> 我不想预见未来，我更关注把握好现在。上帝没有让我管控接下来的时刻。
>
> ——玛哈特玛·甘地

领导者经常陷入两难的境地：对超出直接掌控范围的事情以及无法预测的结果，到底应该如何承担起责任？简单的事实是：他们无法承担。但即便如此，很多领导者还是想承担，并且不遗余力地去管控事实上无法控制的一切，竭尽全力从不确定中创造稳定。我认为这是错误的。作为领导者，首先要对我们能够掌控的领域负起责任，然后在认清了事件内在不可预测的基础上，再做应对不确定性的准备。

　　风险和不确定性是所有企业经营的天然组成部分。然而，领导者们应该将时间、资源和注意力集中在他们可以施加影响并且能够掌控的事情上，而不是那些超出他们能力范围的事情。在必须去应对你无法掌控的各种不确定性因素时——如果真的出现这种情况，需要有应对的方案——你不能只盯着不确定性因素，而要把大量精力放到你能掌控的事情上，并运用它来为你的企业谋利。

也许有人会问："这里有什么问题吗？作为领导者，理所当然，我们应该掌控我们负责的领域，并为各种突发事件做好应对准备。"我很同意这样的观点，即使在经济环境最好的时期，这也是一位优秀领导者要秉持的基本原则。然而，当形势变得更加严峻，往往会出现超出你控制的事情，你将发现自己处在充满不确定性的迷雾之中。因此，重要的就是，要理解与这里每个因素相关的人的因素，以及他们会如何影响你的企业。

风险及其驾驭

在任何企业，人们所关心的最重要的方面之一就是风险。事实上，很多大型企业都有专门的风险管理部门。风险以多种形式出现，有些微不足道，有些则对企业的未来有着至关重要的作用。不过有一点可以肯定：所有的风险都必须予以消除。否则，你有可能是在制造隐患，这个隐患会在未来一直缠着你。

安快银行也有这样的实例。作为一家金融机构，我们的主要功能就是管理风险，这是所有银行日复一日在做的工作。我们的风险几乎源自业务的各个方面。比如，我们贷款给他人，这显然是有风险的业务。于是，我们通过要求贷款申请人提供给我们关于其信誉度和还贷能力方面的信息来降低风险。我们还建立各种贷款组合，其中过于集中在某一特定类别的贷款很有可能会将公司置于我们无法承受的风险当中。

回想2008年房地产泡沫真正冒出来的那个时候，如果一家银行将整个贷款组合中的绝大部分投资在住宅和别墅建设上，那么，在借贷者违约、贷款很快变成烂账时，该银行就将面临严重的问题。有些银行未能有效管理好这一风险因素，最终倒闭了。他们原以为，这一发放贷款的领域是有利可图的（在房地产泡沫破裂之前毫无疑问是这样）。他们还以为，房地产市场**永远不会**崩溃（毕竟，房地产市场在这么多年来一路高歌猛进）。那他们有什么理由不继续发放这类贷款呢？正如我们从中吸取的教训，通过过去预测出来的未来并不可靠。

除此之外，在这些银行中，还有很多陶醉于过去的美好幸福，它们也没能够为房地产市场这种呼啸而至的不确定性做好准备。有些银行自欺欺人，对房地产市场暴跌一味否定。如今，这些银行很多都已不复存在了。再看雷曼兄弟。2007年，雷曼兄弟创下历史最高收入——590亿美元。2008年，该公司在《财富》500强企业中名列第37位。但就在同一年，雷曼兄弟破产了。在这家创立于1850年的华尔街投资银行身上，究竟发生了什么？在2007年房地产泡沫处于顶峰高位期间，雷曼兄弟大量借款用来购买次贷抵押证券和房地产，最终达到了最低31∶1的杠杆率。也就是说，通过这些证券，雷曼兄弟所拥有的每1美元净资产后面，都负有达31美元的债务（一份由联邦政府破产法院出资撰写的报告，将这个杠杆率调整到接近44∶1[1]）。

当房地产泡沫破裂时，这座纸牌屋轰然倒塌，雷曼兄弟的损失迅猛增加，公司变得难以为继，最终于 2008 年 9 月 15 日宣布寻求《破产法》第 11 章中的破产保护。[2] 雷曼兄弟最终被清算，公司的各项业务全部廉价出售给众多其他的金融服务公司。

然而，很多其他机构在贷款组合中的风险管理做得相当成功，它们勇敢地面对损失，确保自身的资本健康运转，从而顺利地度过了艰难时期，而且实力比刚进入时还要强大许多。它们是赢家。

在风险管理上，不同的企业有着惊人相似的问题。想一想零售店的经理，他负责为圣诞假期订购货物。他的职责（毫无疑问最为重要的）是确保店里库存有足够多的顾客喜欢的商品，以满足顾客的购物需求。订购得太少或者太多都会对营业点的现金流、销售收益、人员配置、信誉名声等产生深远的负面影响。这位经理的工作能做多久，很大程度上取决于他在预测消费者行为方面的准确度。

这些例子是要强调，每家公司每天都存在着管理团队不得不管理的风险。

专注你能掌控的事情

作为公司的首席执行官，我期望我的下属始终了解并掌控自己的所有问题、目标和机遇。我经常告诉我的员工，关注那些他们能够改变和掌控的事情。这是因为，在他们带领自己的部门实现各种目标、解决各种问题或者利用各种机会的过程中，他们可以把握自己的命运。我让他们知道，操心那些他们掌控不了的事情于事无补。大多数情况下，不确定的东西是无法掌控的，不过，你可以并且应该为可能出现的任何结果做好应对准备。

拥有可望实现的目标的企业主或企业管理者都会不遗余力地争取成功。然而，在不确定的事件上耗费太多精力，会让他们放慢行动，犹豫不决或者干脆坐等。担忧诸如洪水、地震、被陨星袭击等不可抗事件，在我看来，有百害而无一利。但与此同时，我要告诉你的是，你应全力做好应对这些事情的准备。你买了合适的保险吗？你能否快速将电脑系统进行备份恢复？你有所有员工都了解并掌握的灾害恢复计划吗？

我的首要观点是，要专注在那些自己能施加影响的事情上。对于实现目标要做的事，我有各种具体的答案。但是，我不会去担心，如果一场地震袭击波特兰，并把一切给毁掉了，会发生什么。当然，我们需要为此做好应对的准备（毕竟，我们的公司位于胡德山以西不到 50 英里的地方。这是一座 11 240 英尺高的火山，是喀斯喀特火山弧中近期最为活跃的火山之一。在喀斯喀特火山弧中，胡安·德富卡板块在此直插北美板块，引发了该地区的火山活动），即火山随时都可能爆发。[3]

还有其他我们可以预料到并为之做好应对准备的不确定性因素。我不知道到底有多少企业主，在听到一个强大的竞争对手表示要在街道对面开设一家新超市时，竟然考虑这样的问题：**现在我们该做什么呢？**

为什么他们之前没有想到这种可能性？为什么他们事先没有尽其所能做好准备，将可能的损失减小到最低？对各种不确定性因素采取积极主动的措施，是一种很好的态度，我非常推崇。我认识到，一个人是不可能为每一种未知的可能性做好准备的，但你应该准备有可能对你的企业产生最大影响的至少五种或者六种事情的应对方案。

对于安快银行，我们的规模已经大到足以在公司内部设立一个企业风险管理部门。该部门能够让我及时知道我们公司不同领域存在的风险程度。他们每个月撰写一份报告，详细描述某种风险发生的可能性以及这种风险将对我们公司产生的影响。我们还有其他各种方式来评估风险，以确定其是否在合适的范围内。如果风险正往危险的范围发展，风险管理部门会向我们做出预警，我们就可以采取一切必要的措施来阻止或最小化风险。

然而，小企业很少有这样的风险管理部门。它们的企业风险管理者要么是企业主，要么是公司的某个执行官，或者是某个经理。这些领导者要预见并随时准备着应对在企业、社区、行业以及整个市场内的各种富有挑战性的情况。还有一些机构或群体能够帮助应对风险——保险公司、注册会计师、辩护律师，以及其他相关人员等，有相当多的资源可以利用，以确保预估到重大风险。小企业可以考虑组建一个董事会咨询委员会，吸收4~6位专业人士，每个季度碰一次头，讨论当前的企业和市场情况。这些专业人士可以帮助企业时刻了解市场竞争，同时可以就公司及公司的发展前景，给出客观而真诚的建议。

利用不确定性

我相信所有人都明白，在商场，我们要为实现自己的目标而承担责任。

不管你是一家大型企业的一分子，还是一个独资企业主，这几乎没有多少差别。我们所有人都需要对某个人或某个机构负责。

在我以领导者的角色对应聘我们公司管理者职位的人员进行面试时，总是想方设法弄清楚这个人是否能够掌控这个部门，是否能够激发和鼓励自己的员工，是否能够就已取得的进步进行有效的沟通，然后再做出是否雇用他的决定。对目前为我工作的以及与我一道工作的员工，也是一样。现在，我仍然在不断观察和重新评估这些人，看其是否真正具有掌控他们所负责领域的能力。

我也认可在没有确凿的证据之前，不能轻易相信他人的说法。如果一个人对自己的能力充满自信，并赢得了员工的尊重，并且我亲眼看到他们为实现自己的目标而勤勤恳恳地工作，我会毫无疑问百分百地支持他们。在每一天都在取得进步的领导者，通常都有能力预料到一些不利的不确定性因素。

就不确定性因素，我想补充一点。大多情况下，当我们想到会有不可控的事情发生时，往往会认为这件事情会对我们的公司或者目标产生负面影响。这又回到了我们的顶层设计上。实际上，有些不确定性因素可以是正面的、令人高兴的。中了彩票的女人是什么心情？当然是很满足很兴奋的，当然也是没有预料到的。在商场，不确定性可能简单得就像出其不意到来的一笔大的订单，或者就像引发了新思路并给你的公司带来机遇的另一个行业中的一项技术进步。

毫无疑问，不确定性因素会给企业带来各种挑战，但不要忘记，还存在着很多能为我们的帆船提供助力的不确定性事件。我们应该努力做好准备，并利用好这些不确定性。

黑与白：让决策变简单

大多数情况下，领导者在商业中所碰到的决策问题都是黑白分明的。换句话说就是，答案非常清楚：做出决策，继续前行。我们应该雇用更多人员到一家最近有几个员工退休的营业点吗？对，因为如果不这样做，就不能够维持政策的工作进度，就有可能对我们的顾客，以及剩下的员工的满意度产生负面影响。我们应该投资更多的钱到电视广告上吗？不，至少要等到有人向我们证明，电视广告同目标市场上新的账户增加有直接的关系。

我相信，做出这样的决定在大多数情况下是轻而易举的，对于大多数领导者来说也是理所当然的。困难的地方在于如何获取正确的信息和情报，以便你能够做出合理的、论据充分的决策。因为一不小心，收益递减的法则就会在制定决策的过程中悄然而至。有些人希望在采取行动之前就能获得极高的成功率——大大超过50%。所以，他们就等待着，继续等待。大多数时候，等待时所接收到的新信息对于他们的最终决策没有任何作用。当然，我知道这也有例外，但就我的经验而言，例外的情况并不经常出现。

由于某种原因，多数人似乎习惯认为，50对50的概率不是很理想。实际上，我认为，50对50的概率是相当可观的。如果你是一名棒球运动员，两击一中，也就是说，在你击球时，每两次就有一次安打上垒，那你简直就是一个英雄。作为领导者，你需要重新调整你的期望值。

一位高管很可能会跟我说："雷，我们做决策，最好要有不止 50 对 50 的成功率。如果再等上两周，等事情对我们更有利，我对我们的成功会更加有信心。"如果有人表达这样的看法，我会看着这个人，对他说："你是在跟我开玩笑吗？你的成功概率有那么高？还在等什么？"当然，超过 50 对 50 的成功率很棒，那取决于所做出的决策。我这样说是因为，如果这个人参与决策，他完全有能力将成功率再提升 10% 或 15%。作为领导者，我对此是充满信心的。因此，要尽你所能收集所有的关键信息，但要注意的是，在做决策时，要避免陷入细枝末节和信息超载的泥淖而难以自拔，及时做出决策对于在你所掌控的领域中取得进步至关重要。

有另一种颜色往往可以嵌入到决策过程当中：灰色。考虑到从事业务的复杂性或者你在产业链中所处的位置，更多的决策会变成灰色，而不是简单的黑或者白。这些属于没有明确答案但又必须做出的决策，或者决策者在采取下一步措施之前需要考虑更多存在的风险。灰色的决策是让决策者最不知所措的决策。绝大多数情况下，我们会陷入做决策的焦虑和纠结中，这会让我们自己以及整个公司陷入困境。

当这样的事情发生在我的下属身上时，我会说，"你为什么要在这件事情上折磨自己？你为什么不做决策？一旦做出决策，你会感到非常轻松，可以继续往前走。"有些人就是喜欢让自己陷入不必要的纠结当中，然后才做出他们知道自己无论如何都会做出的决策。为什么要拐这样一个大弯呢？

根据常识，你要观测数据，要请人同你一道分享信息，探讨看问题的视角，要听取各种建议。你要根据自己在这过程中所形成的看法来判断自己的直觉（第五章将进一步探讨直觉问题）。站在你前面请你做决策的这个人到底如何？他的信心程度如何？在要做出并不是非黑即白的决策时，对自己的技能和能力充满信心并能够将这种信心传递给自己领导的人，可以让那位领导工作起来相对容易。

施压与减压的艺术

在安快银行，我们的目标之一就是发展。这意味着我们希望看到员工每天都在朝着自己的目标不断迈进。但有时，我的员工也会担心，尽管他们尽了全力，但在特定时期其增长数并没有达到目标。

我的确喜欢他们在意自己没有实现目标这个事实，我也喜欢他们痛恨失败，我觉得领导者应该如此。直接在我手下工作的员工已经给自己施加了足够的压力，我不可能再给他们更多的压力（当然，有时也会）。我先前说过，我**喜欢**与想成为赢家的人一道工作，喜欢与这样的人打交道。

但同时，大多数领导者会说，确保公司的员工以正确的眼光看待事物是首席执行官或者企业主的工作。如果一位工作勤勉并让你充分信任的员工没有完成特定时期的增长目标，这不应该成为世界末日。我要求我的高管们都努力工作，达到或超过预期目标。然而，不时地我也会告诉他们（没有让他们摆脱困境），给自己施加太大的压力于己于人都很危险。我会说："咱们要以正确的眼光看待事物——并记住，不就是个数字嘛。"

几年前，让－弗朗索瓦·曼佐尼和让－路易斯·巴苏克斯描述了一种他们称之为"诱发失败综合征"的东西。根据他们两位的观点，失败发生的原因是，当员工没有达到目标时，他们的老板没有因此而责备他们。或许没有达到目标的这位员工不是很聪明，或者是他没有受到成功的激励，或者是他不懂得设定事情的轻重缓急，或者就是纯粹的没有"达到目标"。曼佐尼和巴苏克斯承认，的确在大多数情况下，员工失败的原因完全在于他们自身，但"一个员工的欠佳表现可以主要归咎到老板身上"。[4] 导致这种结果的管理者行为可能是偶然的，或者是所谓用心良苦，但结果却没有什么两样：老板一手制造出了自己失败的员工。

曼佐尼和巴苏克斯的观点可以这样粗略地解释：员工没有实现某个目标，老板便开始担心其有可能完不成任务要求。由于这种担心，老板就把更多的注意力放到这位犯了错误的员工身上，开始了旨在提升其业绩的一个周期的微观管理。可事与愿违，员工将老板的这种额外关注看作对自己能力的不信任，从而畏缩不前。这位员工越是畏缩不前，老板就对他给予越多的注意，如此恶性循环，最终的结果便是造就了一位因缺乏勇气而无所作为、害怕做任何有可能再次引起老板注意的事情的员工。最糟糕的是，该员工最终有可能会辞职或者被炒鱿鱼。

好的领导者懂得适时为自己的团队成员减压。如果你逼得太紧，会削弱公司员工的士气，让团队成员的热情减退，其结果是，你有可能失去优秀的员工。你知道何时往前推员工一把，但也要懂得何时让他们松一口气。如果你设定两周的期限要员工写一份报告，你的员工想要推迟一个星期——你知道他一直在很努力地写这份报告——你可以这样说："我知道，如果你在下个星期赶完这份报告，写不好的风险会增加很多。我希望你慢慢来，把报告写好。虽然我不喜欢这样，但还是会再给你一个星期，因为我想要成功，不要失败。"

我很会把握时机，但如果有人故意拖拉，便是另一回事情。在我的公司，员工是不会不紧不慢的，因为我们公司的运营节奏（如果有这种东西的话）很快，速度太慢的人会显得很突出。这又归结到了各种数字、目标和焦虑感。焦虑在一个企业内具有很强的传染性，当你焦虑时，你急躁、易怒，而且紧张不安，这样，你就有可能做出今后让你后悔的决策。员工们需要知道他们有足够的时间来表现自己，领导者需要给员工一定的空间，不要时刻在他们背后当监工，不要时刻让他们担心老板是不是一直在盯着自己。

在应对不确定性时，只担心那些你能掌控的事情——**永远如此**。对于你能掌控的各个领域，一定要给自己的员工足够的自由，让其向着自己的目标不断前进。员工们也时时需要被提醒：被赋予了权力就意味着责任。

思考题

　　• 对于你的企业来说，最大的风险是什么？你是如何应对这些风险的？

　　• 在你的企业中，哪些是你能够掌控的事情，哪些又是你无法掌控的事情？你分别是如何应对的？

　　• 你的企业是怎样应对不确定性因素的？你个人又是如何应对的？

　　• 你个人的决策过程是什么，又是如何对此加以改进的？

　　• 你曾经造成过自己员工的失败吗？如果造成过，你能做些什么来对此加以改进？

第五章　运用你的直觉

> 直觉会告诉正在思考的头脑下一步该关注什么。
>
> ——乔纳斯·索尔克

直觉经常同诸如"猜得对"、"跟着感觉走"、"留意信号"之类的表达联系在一起。我猜想，这是因为**直觉**的定义是"不做推断和理性思考而获取知识"——换句话说就是，没有思考而思考。有些人回避凭直觉办事，这在任何企业都是一个大错误。直觉不是魔法，但也不是非理性。它是意识的一种强大的、被提升的状态，它使员工能够发现机会从而做出超越顾客期望值的服务——形成让人印象深刻的各种体验。领导者们应该鼓励自己的员工凭直觉办事。

有些领导者认为在公司经营中，直觉没有用武之地，他们更倾向于基于客观的数据和数字做出重要的决策，我基本上不同意这个观点。诚然，客观的数据和数字是重要的，在做决策的时候必须加以考虑，尤其是那些有着巨大影响的数据和数字，但直觉同样重要：它有可能精准得威力无比，不应该被忽视。

本章旨在从不同的角度对直觉加以探讨：被赋予权力在商业环境中凭直觉办事的员工能为公司做出重大贡献。如果实践及运用得当，员工的直觉对公司的声誉、品牌以及运转甚至困难时期的发展，都将具有重要的、积极的作用。

直觉与客户关系

在企业环境中，让直觉发挥作用的秘诀是，允许员工凭直觉行事。这个再简单不过。在商场，我把直觉理解为：拥有倾听客户或顾客的心声、令他们惊喜或高兴的行动的技能和能力。如果你也这样理解直觉，就没有问题。让自己的员工运用他们的直觉为公司谋利益，你不会有什么损失，反倒有可能收获很多。

最近的研究表明，直觉有可能成为强大而有效的做决策的方法。2012年 11 月，《组织行为与人类决策过程》杂志上发表了一项研究，认为具备了特定的条件，直觉将有助于做出正确决策。该研究由莱斯大学、波斯顿大学和乔治梅森大学的研究人员共同完成。不过，该项研究报告的作者之一迈克尔·普拉特又说：凭直觉做出的决策不如坐下来经过仔细分析的方法有成效。[1]

根据这些研究者的观点，当你在相关决策所属的某个领域或某个机构已经具备专业知识时，直觉是最为有效的。越是内行，凭直觉做出的决策就越好。不过，该项研究的第一作者埃里克·戴恩说，"作为行家，凭直觉做决策对某些类型的任务比对其他类型的任务更为有效。但是，通过预先确定的步骤就可以解决的问题，如数学题，就不如结构性没有那么强的任务更适合通过直觉来解决。结构性没有那么强的任务可以指代某些战略或人力资源管理方面的问题。"[2]

在安快银行，我们挑出长于凭直觉进行判断的同事。这些人善于倾听，他们寻找各种机会来超越顾客的期望值，从而创造出一种长期有吸引力的产品体验。这些人能帮助公司区别于同行，战胜竞争者。

我永远无法忘记一次在前往摩洛哥度假之前，我在纽约市丽思卡尔顿酒店度过的那个晚上。我和妻子在接待处办完入住手续之后，一位年轻女士送我们去房间。在电梯上，她随意问了问我们在纽约的行程计划。我们解释说，我们在纽约只是简短中转，第二天一早就要出发去摩洛哥。她惊叫起来："真的！本酒店的客房主管就是摩洛哥人，她总是谈到摩洛哥有多么美丽。"

当时对这个对话我们没有想太多，因为紧接着需要去外面吃晚餐。但那天晚上回到房间时，竟然有人送给我们一份惊喜：桌子上有一本精美的摩洛哥画册，旁边还有一张客房主管写的便条，她的名字、所在的摩洛哥城市以及希望我们喜欢、欣赏她的美丽祖国的强烈愿望。

这件事也会让你惊喜吗？是不是让人感到难以置信的特别呢？我敢说

她做到了！这个听上去很容易，但实际上，里面有很多令人感动的细节。首先，那位接待员一定是这样想的：**哇，这可是向我们的客人展示我们酒店对顾客的服务是多么周到的大好时机**。接着，她便联系了客房主管，客房主管则从百忙之中安排人员从一家书店购买了那本画册，然后叫人把画册送到我们的房间，还附上她本人写的便条。

这些人都被丽思卡尔顿酒店的管理层赋予了主动办事的权力。这是不是让我在纽约的逗留有点与众不同呢？毫无疑问！正如你所注意到的，我现在还在谈论这件事。下次我到纽约，一定还会去住丽思卡尔顿酒店。

有些人会说，"那位员工做的事情真是太漂亮了！"我也认同这个观点。但我也会想，"那是个多么了不起的管理团队呀"。他们让自己的员工通过倾听客户心声，以直觉来做一些超出顾客期望值的事情。

像丽思卡尔顿酒店这类赋予自己员工权力、激励自己的员工凭直觉办事的企业，它们所追求的是某种形式的与众不同。所有企业，不论大小，私有还是公有，都在寻求各种方式，以便同自己的竞争对手区别开来；也在寻求各种机会，让自己以正面形象展现在大众面前，同时设法吸引潜在顾客购买自己的产品。这是基本的商业生存策略。毫无疑问——我们通过广告宣传、产品派送系统、互联网、各种形式的促销活动等来提升公司的名声以及各种产品的知名度。所有这些综合到一起毫无疑问将大大有助于公司的发展。试想一下，当你加入到这些公司中被赋予各种权力的人的队列，会发生什么？会产生怎样巨大的力量？

倾听与行动

很少有公司赋予权力给自己的员工并鼓励他们凭直觉办事，因为这样的公司太少，也因此就有太少的人有机会激活自己在这方面的能力。有些公司完全不靠直觉办事，有些公司则非常擅用直觉。在我看来，善于凭直觉办事的企业更容易脱颖而出，尤其在处理客户关系时更是如此。不管是在经济环境好的时候还是经济环境不好的时候，都需要具有良好的顾客关系。

敏锐的直觉是很难教的，但如果允许人们在没有胁迫的情况下训练直觉，直觉的准确度是可以提高的。这种对直觉的强调会受到你的员工的欢迎。我想把这种直觉看作一种良性传染。不幸的是，在很多公司，由于各种传统政策以及严格的办事流程，很多人没有机会训练直觉或凭直觉办事。这是错误的。

当我们将赋予权力这个理念介绍给安快银行员工的时候，对于他们当中许多人所表现出的那种惊异，我们毫不奇怪。对于能够就客户服务自己做决策这一点，他们感到压力很大。我们预料到了一点：关闭了很久的开关，重新开启时不会立即有反应。我们让员工们确信，尝试运用赋予他们的新权力是完全可以的。

然而，后来我们发现，仅仅靠口头鼓励不足以让这个引擎开启。这非常像20世纪80年代那个生活麦片电视广告，里面年轻的兄弟俩说："咱们找米老鼠去，看它是不是也喜欢。"简单地说就是，我们的员工需要得到公司的保证，运用权力、凭直觉办事不会给他们造成负面影响。一旦了解到员工犹豫不决的原因，我们便对症下药制订了新的激励方案，即如果他们准确运用了自己的直觉，就可以获得金钱和奖品奖励。对于凭直觉办事成功的员工，我们启动了一个内部认证方案。这个措施不仅开启了员工们的直觉引擎，还在公司内部激起了一种我们之前所未见的兴奋和热情。员工们乐在其中，而我们的顾客也从中受益颇多。

企业领导者们应该承认，被赋予权力的员工几乎可以在不带来任何不利影响的情况下为企业营造新的势头。在经济环境好的时候，这一点非常了不起。在环境具有不确定性的时期，这一点也具有超出想象的效果。赋予你的员工权力，让他们去做他们认为对顾客有益的事情，并让他们自由享受这一过程。

对我而言，所谓的赋予权力是指，给在安快银行工作的员工行使其独立判断的权力，使其能力得到发挥。这让员工们有获得自由之感：当他们有权就客户服务做出决策的时候，他们感觉到，管理层信任他们，相信他们的判断。而我们也由此成功地让他们行动起来。

在《谋求发展，引领群伦》一书中，我谈到了被我称作"积极的激情"的概念，我将其描述为"与激情如影随形的乐观"。所有的领导者，要想取得成功，就不得不对自己的目标、行动包括自己的员工保持乐观态度，并充满激情。做到这两点，对于领导者来说不是选修课，而是必修课。在这两个词语之外，我还希望再添加一个词——**直觉**。懂得何时凭直觉办事、如何凭直觉办事，有助于培养并提高领导者的竞争意识。但这需要实践。

在安快银行，我们自始至终都赋予员工权力。这样，如果他们想为顾客做一些事，直接就可以做了，不用请示。我们信任他们——我们知道，他们是想把事情做好。他们也确实这样做了——所有的 2 500 名员工。

把握采取行动的时机

我以为，凭直觉办事与运用本能是联系在一起的——两者之间密切相关。祖母过去经常说的那句老掉牙的话——"如果某种东西让人觉得太好了而不可信，那这个感觉可能就是真的"——对于我们的个人生活和企业经营仍然适用。直觉常常警告我们，有的东西可能是错的，正如它在我们感觉正确的时候也同样提醒我们那样。

走在一个黑暗的巷道里，当你听到后面有脚步声，你脖子后面的毛发会竖起来，你可能会想：**我得离开这里**！你的直觉和本能在告诉你事情有些不对头，你的大脑则几乎同时告诉你，你需要采取行动。

这种直觉在商业环境中也同样奏效。比如，你有可能注意到，你的业务或所处行业当中，存在某种让你感到不安并为之担心的趋势。这时候，有人会跟你说："别担心，这是在可控范围内，我们看到这个问题了。"然而，你依然决定："不，我得对此做点什么。"不管这意味着在一个区域缩减运营活动，还是为另一地区提供额外的资源。这种判断上的区别会决定企业的成败和生死。人们常说"熟能生巧"，但懂得何时采取行动，你就可以"开足马力"了。

那么，你如何判断你在工作当中的直觉？这里有一组测试题，它们是由管理学教授尤金·萨德勒–史密斯和组织开发领域的专家艾瑞里·谢菲提出的：

- 在需要做出重大决策时，你是否**信赖**你的预感？
- 你**真真切切地感受到**某个决策是正确或者错误的吗？
- 你非常**信赖**自己对周围的人或周围形势的第一感觉吗？
- 做决策时，你更重视**感觉**而不是数据吗？
- 在与他人打交道时，你依靠自己**本能的直接反应**吗？
- 在为做决策寻找依据时，即使无法解释原因，你依然信赖自己的**经验**吗？
- 你的直觉往往直到最后都显示是**正确**的吗？
- 你们公司的员工对于基于他们自己直觉的各种决策是（或会是）什么反应？
- 你对自己的直觉**秘而不宣**吗？如果是这样，为什么？ [3]

所有的企业领导者在自己企业的有形区域——如财务报告、新产品发布、营销计划、员工奖励和认证方案及其他很多方面——花费了很多时间。他们不得不非常重视企业的各个有形区域，他们也的确应该重视这些区域。不幸的是，很多企业领导者对企业的无形区域重视不够，在很多情况下，这是最终真正使一个企业区别于其竞争对手的地方。一般而言，当出现困境时，往往是无形的区域最先被牺牲或者放弃。

在经济大衰退期间，我注意到很多企业终止了可持续发展的计划，削减了员工的权限，放弃了个人和公司的惯常标准——所有这一切都是为了缩减成本。我认可有时需要采取严厉措施的做法。然而，管理层也应该衡量一下这些行为对员工以及这种所释放的信号将产生的影响。我认为领导者更要注意那些有助于构筑公司基石的无形区域——给员工们足够的空间和时间凭直觉办事，这就像声誉、文化、道德规范、士气等一样重要。这些是企业所拥有的无形资产，对企业及员工至关重要。

直觉与机遇

在常规的企业环境下，领导者跟着直觉走很重要，而当环境变得具有不确定性时，直觉就变得更重要了。当企业发展甚至是生存出现问题时，你需要尽一切可能得到好的主意，不管它有多大，或者有多小。

从某种意义上说，按直觉行事，与创造力紧密相关。如果你完全是个分析型的人，凭数据办事，很可能你的思维已受到限制，跳不出数据圈定的框框。而当你按直觉行事时，眼界会变得开阔，会有各种可能性——其中很多不一定是数据所能提供的。

本质上，直觉的关键在于倾听，它不是你拥有或者不拥有的某种魔法般的东西。它的关注点是人。在你凭直觉行事时，是静心聆听他人所说的话，并专心致志地去体察，去感悟。你观察自己周围发生的一切，吸纳所有信息，不断扩大要收集和加工的信息量。所有这些都是你直觉的源泉。

然而，直觉并不限于倾听他人意见、观察他人行为。在凭直觉行事的过程中同样重要的是，有了直觉之后你如何运用它。有了直觉不用的话，直觉很快就会消失，你有可能再也无法看到它背后隐藏的思路。直觉可以给你带来机遇，但你得有勇气信任直觉，并且敢于按直觉行事，哪怕统计数字显示，它不一定是个很好的机遇。

一家能源企业的首席执行官曾解释说："忽视直觉导致了一些糟糕的决策……你得学会信任自己的直觉。否则，在你快要收集到足够的信息，能够99%地肯定，要做出的决策一定是个正确的决策时，那个决策却已经过时了。"4

作为领导者，你应鼓励员工按直觉行事。你的员工是否运用直觉，是否在有了主意或机遇时凭直觉办事，影响重大。要通过强调直觉在企业文化中的作用，让员工感到他们被赋予权力，从而很放心地去运用自己的直觉。在员工向你汇报他们凭直觉而有的各种主意和机遇时，一定要认真聆听，尽可能多地吸纳他们的主意，并尽你所能，理性地抓住这些机遇。

训练强化你的直觉

直觉与其他技能一样，越是经常运用，越能了解其奥妙。如果你是棒球运动员，却不花时间练习击球，是成不了好球手的；如果你是高尔夫运动员，却不去高尔夫球场练习，是成不了最佳高尔夫球手的。同样，如果不训练自己的直觉，你的直觉很快就会迟钝，失去活力。实践会改进你的直觉准确度与敏感度，定期训练你的直觉，将可以使其成为你的第二天性。

我们要求安快银行的员工与他们的顾客关系融洽，要求他们运用自己的直觉并按直觉行事，就像丽思卡尔顿酒店的那位员工一样。为了鼓励员工们做到这一点，我们在公司的内网上创建了一个"Wow!"微博。通过这个平台，员工们可以和公司的每一个人，分享他们给顾客带来惊喜的各种故事。故事在"超级力量"的总概括下分为 7 个类别：

> **顺风耳**：聆听并满足哪怕是最模糊的顾客需求
>
> **必胜的信心**：攻克所有艰难险阻的富于关爱的同情心
>
> **可靠性**：帮助顾客办理银行业务，保护他们不受欺诈
>
> **高声叫好**：高声而兴奋地祝贺他人所做的了不起的事情
>
> **心灵礼物**：送某人一份令其高兴的个性化礼物
>
> **援助之手**：主动对他人施予援手
>
> **安快医生**：开出完美产品和完美服务的处方，满足顾客的财务需求

这个交流平台让员工们深受鼓励，纷纷用发帖的方式与其他同事分享自己的故事。这里仅举几例：

> "我们的一个顾客把车钥匙锁进了车内，被困在我们的银行，束手无策，当时没有人出来帮他。我的经理扎克开车送他回家拿钥匙，再把他带回银行，他很开心。"

"一个顾客患有大脑性麻痹症。一次，他正在营业点里做一宗买卖，提到请人搬东西是多么昂贵。他接下来要在一栋公寓综合楼里把物件由大到小进行排列，搬运工向他索要500美元才愿意把货物搬到街对面。门店的员工听到这个信息后，都决定去帮忙。他们于周六来到客户的公寓，帮他把物件打包，然后在接下来的星期一监督搬运工搬货。他们用团队在一次内部销售活动中获得的奖金帮他支付了搬运费，还找人为他安装了安全扶手。"

"一位商业房地产团队的员工参观一位顾客的办公室，看到筋疲力尽的全体职员正准备整个周末都加班，以赶工期。于是，这位安快员工便买来了各种精美的小吃，做了几个'果篮'，用安快银行的环保购物袋打包，送给了那位顾客。"

"一位企业客户致电，告诉一位店员她的丈夫被诊断患上了一种罕见的癌症，他们准备开车去另一个城市接受癌症治疗。这位店员为他们的行程准备了一个小型的冷藏箱，并在冷藏箱中装满了各种日用必需品，还送上了一张油卡，帮助他们一路顺利抵达目的地。"

"一个顾客在银行的出纳柜排队办理业务，突然，她提到自己的生日很快就要到了，并若无其事地说，她'不打算特别地过'。两个店员听到后，买了一个气球、一个蛋糕、一张当地餐馆的礼品卡，在生日当天给了她一个惊喜。顾客非常开心，激动不已，因为有人记得她的生日，她和门店员工们一道分享了那个蛋糕。"

还有很多类似的故事，这些故事表明，当员工受到鼓励去按自己的直觉办事时，企业——还有它的员工、客户以及社区——都有可能发生激动人心的事情。因此，每个领导者都应该鼓励自己的员工经常性地运用直觉。

•你相信自己的直觉吗？你在工作中运用直觉吗？如果用过，你是如何用的，又是在什么时候用的？如果没有用过，你能做些什么来运用它？

　　•你是怎样强化自己的直觉力量的？

　　•你以什么方式鼓励自己的员工运用他们的直觉？

　　•如果已经鼓励过员工运用他们的直觉，你认为你的公司在哪些方面还有改进的余地？

　　•你以什么方式运用自己的直觉来识别新的机遇并基于新的机遇行事？

LEADING THROUGH Uncertainty

第二部分　引领你的企业

> 在你当上领导前，成功就是发展你自己。在你当上领导后，成功就是发展他人。
>
> ——杰克·韦尔奇

一旦有能力引领你自己，你就可以引领其他人。企业是复杂的机构，聚集了各种各样的人，每位员工都遵循自己的计划行动，都有着自己的梦想、需求和欲求。作为领导者，你的责任就是帮助你的每位员工，尽职尽责地奉献，尽职尽责地做好自己的事情。本部分概述了履行好基础性工作的基本原则、做好价值定位的重要意义，以及及时满足员工需求、激励和鼓励员工的方法和利用好公司资产的方法。

第六章　做好基础性的工作

成功既不神奇也不神秘，它是持之以恒地运用基本原理的自然结果。

——吉米·罗恩

一家公司有多好、多强，要看它赖以建立的基础。在经济状况良好的时期，这个基础可以起到催化剂的作用——前进的兴奋剂。在经济陷入困境、公司面临消极变化所带来的狂风巨浪时，这个基础便成为基石，帮助你的公司稳稳地挺立在那里。不管是在什么样的商业环境中领航，就最终成功的基本要素而言，强大的基础不可或缺。如果你的员工总是莽莽撞撞，公司的各种制度跟现实需求不配套，用各种令人惊叹的新产品及服务创新让现有和潜在的顾客眼花缭乱，是有百弊而无一利的。在你朝思暮想要满足顾客疯狂的欲望之前，一定要保证首先满足他们的基本需求。

　　如果你的公司建在高跷上，商业活动中哪怕最轻微的震动也足以让你的公司轰然倒塌。所以，基础越是牢固、越是深厚，你的公司挺立得越稳，越有可能熬过哪怕是最困难的时期。这种基础的牢固也让整个公司上上下下都关系融洽，情绪稳定，这种稳定也会影响到客户以及其他利益相关者。一定要认清这样的现实：牢固的基础于公司的声誉有益无害。

假如，你经营的是一家餐馆，要做的基础性工作之一，就是要通过政府部门的卫生标准检查；另一项基础性的工作就是，你提供的食物一定要可口，餐馆内的环境要让人感到舒适，能够把顾客吸引进来。你的服务员应待客友好，点菜或者上菜不应该让顾客等太长时间。当人们把自己辛辛苦苦挣来的钱花到一家餐馆的时候，这些都是他们期盼能够得到的基础性服务。

如果你经营的是一家建筑公司，你的顾客一定期望你懂得看设计图，期望你持有合法的建筑工程所要求的许可证，期望你雇用经验丰富、工作水准高的分包商。如果你无法做好这些事情，无法做好其他与建筑有关的事情，你就不能完成自己的基础性工作。

每个行业都有一套必须做好的基础性工作。银行业是一个监管非常严格的行业，我们必须达到对于我们的各种监管要求或标准。如果做不到这一点，监管机构就可以让我们关门歇业，就像卫生部门在餐馆没有达到公共卫生法要求之前，可以关闭餐馆一样。对一家基础已经很不稳固的餐馆来说，这有可能演变成死亡之吻，很多餐馆就是因此而倒闭的。如果你连基础性的工作都做不好，没有建立起牢固和强有力的基础，这就意味着你的企业随时有倒闭的可能。只要碰到一次经济衰退，或者有一两个项目失败，你的企业就会面临生死存亡的危机。我也可以预见，如果你做不好基础性的工作，也就不可能做好更高层次的事情——更高层次的事情是指那些成功地让你的公司与其他公司区分开的事情。

做好基础性工作能给你带来的还有一样事情：在顾客中间建立起足以让公司度过困境的商誉和信任。

波特兰有一家高档餐馆，2005 年曾被《俄勒冈州报》评为"年度餐馆"。2013 年，有 30 多人在该餐馆用过餐两天内，因诺如病毒的爆发而出现胃肠炎症状，该餐馆受到了俄勒冈州公共卫生官员的调查。[1]尽管这次事件被媒体广泛报道，但是，该餐馆仍然从这场潜在的公共危机中恢复了活力。该餐馆的领导团队迅速行动起来解决这个问题。他们联系到在诺如病毒爆发期间来他们餐馆用过餐的顾客，更换了制冷效果不好的电冰箱。也许更为重要的是：该餐馆之所以能够迅速恢复往日的活力，是因为在过去几年中，他们在顾客和社区中间，建立起了足够的信誉。

在接受媒体采访时，患病的顾客说，他们毫不担心——因为在他们看来，这家餐馆仍然是家了不起的餐馆，他们还会再到这里用餐。如果不是因为有长期的良好商誉，对于这家特别小的公司来说，这次灾难可能意味着它的末日。

那么，你如何知道自己的员工是不是做好了本职工作呢？以我的经验，只有一种方式：代表公司检查他们的工作。在安快银行，由于我们赋予员工权力做各种各样的事情，这就牵涉到责任意识——还有大量的检查工作。我们绝对要做好的一项工作就是，将按章办事放到重中之重的位置。所以，在我们的公司，有负责制定规范的员工，有负责监管的员工，有负责政府事务的员工，有负责内部审计的员工，有负责信用复核的员工等。他们的职责就是，经常从各方面进行检查，以确保我们没有违规。在更小型的公司，不论是谁在经营，都必须定期检查公司运营的情况。当你把责任授权给他人的时候，你得检查自己的员工所做的一切，以确保他们的所作所为达到标准。

公司标准和道德规范

领导者要坚持自己的标准，不让自己的标准打折扣，需要非常强大的自律意识。员工们每天都在找你，他们总想跟你说，就这一次换一种方式考虑问题怎么就不行。他们总想让你的标准降到你可以接受的程度以下。如果你听了一遍又一遍这样的话，就有可能开始相信了。你要说出这样的话——"不，我们不是那样做的，我们是这样做的。这是我们做这件事的方式。我很欣赏你带来的信息，但不会以牺牲公司声誉和产品质量的代价来达到那个目的"，这需要惊人的自律。

几年前，我曾经入住新奥尔良的温莎苑酒店参加一个规划会议。该酒店以其非凡的艺术品收藏以及对细节的关注而闻名于世，确实是名副其实。在会议期间的某个时刻，我穿过过道，询问一位酒店员工男洗手间怎么走。我希望他给我指下路就行，这位员工当时正站在一把梯子上擦拭艺术品。他不是简单地为我指路，而是从梯子上爬了下来，亲自带我去了洗手间。

他完全可以站在梯子上直接告诉我就好。我后来在一本书上读到，温莎苑酒店有规定：员工不得为顾客指路，必须亲自带顾客到他们要去的地方。那位员工本可以轻松地待在梯子上给我指路的，我对他们酒店的规定也毫无所知。但他愿意花时间和精力，从长长的梯子上爬下来，带我去洗手间。作为这家大酒店的顾客，我感到吃惊，也非常高兴——这给我留下了深刻印象。即使过了许多年，我仍经常在人们面前提起这件事。

规定有多种多样。在我们公司，有沟通方面的规定、职业方面的规定、文化方面的规定等。所有这些规定，对我们来说都非常重要。它向员工们简要而具体地说明了该如何行事、如何向顾客提供高水准的服务。我发现，规定需要以书面的形式确立下来。否则，人们心血来潮时，很容易改变规定——"我再也不想那样做了，我准备以这种方式做。"书面规定有助于员工了解公司领导团队的想法，以及他们对工作内容和方式的要求。

但规定不是绝对的。也有一些时候，我们希望员工能以自己的判断力来做出一些别出心裁的事情。我习惯告诉公司的员工，如果他们认为所做的事情是对的，就有权打破规则。但我也会让他们知道，他们要为自己做的事情负责，并能够做出完整的解释。根据事情的结果，我们可能会说，"做得很棒，就这样继续吧"，或者，"这种尝试不错，但下次出现这样的情况时，我想你这样处理"。关键是，你在批评那些自认为做对的人的时候，说话的口气必须缓和一些。规定应该遵守，但在必要时，你也需要自己的员工能见机行事。

从本质上讲，道德规范是另外一种规定，尽管这种规定在大多数情况下已经内化于个体，而不是外力强加的。你希望且需要雇用有道德准则的人——即那些知道对错、遵纪守法的人们。从安然公司的案例中我们发现，只要公司上层人士在道德行为和责任方面出现一个小小的失误，就有可能让一家哪怕是最成功的企业遭受灭顶之灾。

如今困扰特大型企业的一个有趣问题是，这类企业的规模实在太大，让人觉得它们实在难以管理。我认为这不一定，但也相信，一个企业发展到如此的规模时，会有员工不再遵循企业领导层所制定并以为大家都在遵守的各项准则和道德规范。当企业发展到特大规模时，要监督道德行为是很难的。

企业规模越大，企业文化越可能被稀释、弱化，企业的道德规范也有可能被稀释、弱化。企业所拥有的无形资产完全可以因为很多的原因而被稀释。这种稀释因素在大型企业中比在小型企业中要强大，因为在大型企业内部，存在着太多的变化。信息从企业的一端进入，等到它从企业的另一端出来时，可能已经面目全非了。

领导者不得不成为企业最挑剔的人——挑剔是领导职责的一部分。如果领导不认为员工会做得更好，员工怎么能够做得更好呢？当涉及领导必须监管的道德规范和准则时，领导必须让员工们负起责任，必须不断尝试改进这些道德规范和准则，尝试拓展各种方法、建立各种制度、规范各种程序，使得它们便于跟踪员工的行为。这一点不管是在大企业还是小企业，都一样重要。

领导团队的核心价值观

当我们谈论核心价值观和领导团队时，有一点绝对是最根本的：你必须说干就干，必须说到做到。有两组眼睛在盯着我们——我们为之工作的人，即我们的领导；为我们工作的人，即我们的下属。为我们工作的人，是最为重要的一组眼睛。这是因为，如果我们没有为他们提供各种资源，没有建立起公司赖以生存的标准、道德准则和文化基础，如果我们对自己所认为重要的事情置之不理，在员工面前轻视那些东西，那就是在释放一个清晰的信号：这些事情并不重要。也就是说，作为一个领导，如果你认为道德行为、公司文化或者核心价值观不重要，那么，你的员工们也就同样会认为不重要。

我个人更能容忍在实际工作中犯点小错的员工，而忍受不了出错的总部行政高管。我们付给他们很高的薪水，期盼他们真正把工作做得很好。他们知道具体的规则，也了解我们的准则和道德规范。我希望他们很好地遵守这些准则和规范。但有时，他们并不遵守，并且还让我们的员工注意到了这一点，给所有人都留下非常糟糕的印象。我们得树立榜样，因为可能成百上千的员工会认为，既然准则对那些高管来说不重要，对其余的人来说，自然也不重要。不管是不是有意，如果员工做出了可能有损于我们企业文化的事情，我都会对他们狠批一通。我不会容忍这样的事情，绝对是零容忍——对于扰乱我们企业文化以及崇高标准的行为，没有任何容忍的余地。

相信你自己

有两个方面要相信你自己。第一个方面是，你得对自己完成目标的能力有信心。这一点很有感染力。记住：员工们都在看着你。第二个方面是，作为领导者，你需要坚守你的公司所代表的一切。你也需要让你的领导团队有这样的共识。他们信赖你及你的公司所代表的一切。他们能说干就干、说到做到，言必行、行必果。他们全力支持你的企业文化、准则和价值观。如果他们做不到这些，那意味着你的团队中有不合适的领导。

这种认同要与对自己的信赖结合在一起，它们同样重要。如果你认为，"我真的把工作做好了，但公司所做的一切差劲极了，"那么，你是不可能取得成功的。如果你觉得，"我真的很喜欢公司所做的一切，但讨厌做自己的工作，"那你同样也是不可能取得成功的。如果你能够很确定地说，"我对公司所做的一切有十足的把握，**而且**我知道我能把工作做好"，那么，你成功的概率就会大大提高。只信赖自己是不够的，你还需要信赖自己的企业，以及企业所代表的一切。

作为领导者，你不但需要相信做好自己的本职工作是重要的，你还得支持并放手让你的员工去做好他们的本职工作。这是在帮助企业建立起一个坚固的基础，这个基础要能延续几十年，或者是几百年。一个企业要持续兴盛，你得把基础打牢，以公司的价值观为基石保证。如果你不能遵循自己企业的文化、准则和价值观，那么，建立在这个基础之上的那些东西就会坍塌，而你的企业，也不能持久，将从内部开始衰败，直至最终死掉。

当大衰退于 2008 年袭击银行业时，安快银行的管理团队坚信、确定，我们能从危机当中走出来。而在我们走出来时，要有比当时进入银行业时更为强大的资产负债表。对于当时的一些观察员来说，这难以置信。很多人都会说，"咱们停下来然后就能得救"。但我的回答是，"不，我不要安快银行只是生存下来。我要我们的公司繁荣兴盛。我知道，一路会遇到许多障碍，现实就是这样，但我希望我们能从这场危机当中生存下来，并有着更为强大的资产负债表"。事实上，到我写这本书时，我们的资产负债表的确比 2007 年和 2008 年的更加坚挺。我们的资产负债表是那么的坚挺，这使我相信，如果有另一场金融危机袭击美国，各家银行再度陷入巨大困境，在我们那么勤奋努力地建立并巩固的基础上，我们可能会掉几块砖，但毫无疑问，墙体会依然挺立。我们一定会经受住这场暴风雨的考验——不管这场暴风雨是多么猛烈。

能够告诉自己的员工这一切，感觉是非常好的。要建立起他们对工作以及银行未来——还有他们自己的信心，还有很长的路要走。

思 考 题

　　•哪些是你的企业最基本的工作？哪些是你需要做的最基本的事情？

　　•你的企业做好最基本的工作了吗？为什么能做好或者为什么没能做好？

　　•哪些是企业中你愿意放宽的准则？为什么？哪些准则是你不愿意放宽的？为什么？

　　•你的领导团队的核心价值观是什么？这些核心价值观同企业的文化和价值观一致吗？

第七章　价值定位的价值

我一直认为，现在也仍然认为，不管什么样的好运或厄运降临到我们身上，我们总能赋予它以意义，并将其转变成有价值的东西。

——赫尔曼·黑塞

价值定位这个提法，如今在商界可谓泛滥。几乎每个企业都标榜自己有价值定位，但在企业的内部经营和管理中，很少有人真正知道价值定位到底为何物。事实上，他们对此一无所知。我认为，如果企业中所有人都不知道自己企业的价值定位，这个企业就没有价值定位。对我来说，价值定位就是将你的企业、产品与服务同竞争对手区别开来、吸引人们跟你合作的不同方式的总和。我不在乎你卖的是李维斯牌牛仔裤，还是乒乓球，或者是圣诞树——这本质上没有区别。人们需要有充分的理由来跟你做生意。

如果你提供的产品和服务并不是特别有价值的东西，那就存在着危险：看到这些产品和服务的人们可能只是把它们当成纯粹的商品。出现这种情况时，他们做出购买的决定便主要是基于价格，而不是你所提供的任何其他东西。要预防这种情况，就要确定一个价值定位。这个价值定位，能清晰地向顾客呈现你的产品和服务所提供的——其他任何竞争者都无法提供的额外价值。

这在金融业，是尤其有必要的。不幸的是，很少有银行愿意花费精力、时间去专门创建一个意味丰富的价值定位。它们能够依靠的只有价格。根据我的经验，这是一个没有胜算的游戏。大多数企业都不明白这一点，到了一定时间或位置的时候，它们就会撞上南墙，那也就是它们穷途末路之时。毫无疑问会有例外，尤其对于那些规模巨大的企业来说。但是，很少有企业具备那么大的规模。

价格是死亡的旋涡

主要靠价格竞争的企业处于巨大的危险之中。它们会步入通向死亡的旋涡——消费者购物时只是考虑最为实惠的价格，而不在乎企业想借此与他们建立起的客户关系。这让我想起像惠普公司这样的企业。惠普公司设法通过收购康柏公司，快速进入个人电脑行业。不幸的是，惠普公司几乎被拖垮——因为惠普电脑被迫降低价格，最终陷入价格战的泥淖中。惠普公司依然在卖个人电脑，但是公司的领导们知道，这项业务没有多大的前途。他们判断，其未来要放到企业软件的开发上，因为企业软件业务不会陷入"商品陷阱"，而且所得到的利润也会对公司的整体盈亏更有利。

对于小型企业，简单的事实是，不管你卖什么产品，只要行业巨头们认为有必要，就可能在任何时候以价格来压制你。银行也会遭遇同样的命运。是兴旺还是生存，你的公司得比行业巨头们有一个更好的价值定位。

实践你的价值定位

很多企业不惜血本也要弄出一个自己的价值定位来，但却从来不去践行。同样的情况也经常出现在对企业的发展以及企业使命的宣言上。企业内的某个人花时间写出价值定位，然后，企业将其纳入企业发展规划，并贴到墙上。但是，贴到墙上以后，这个定位就被人遗忘了。很多人就是这么对待自己的价值定位的。

只有当人们理解了价值定位，将价值定位付诸实践，对其充满激情，担负起责任，并实实在在、积极努力地确保实现价值定位，以给自己的企业带来不同凡响的效果时，价值定位才真正有价值。到这个时候，价值定位就会成为催促每个人不断往前的力量。因此，价值定位是让你的企业区别于你的竞争对手的东西。

当人们去沃尔玛时，都知道自己为什么要去那里购物：经常能以低廉的价格买到想买的东西。人们也都知道自己为何想去丽思卡尔顿酒店消费：会享受到贴心的服务。我认为，每个人都在一定程度上愿意为品质花钱。我很可能愿意花 5 美元来买一个美味面包，却不愿意花 50 美元在同一个面包上。同样的道理，人们愿意花一两美元从饮料机中购买冰苏打水或冰水，但不会花 10 美元在同样的冰苏打水或冰水上。人们愿意为品质和服务花钱，但你首先得能提供出这样的品质和服务。如果他们觉得自己没有得到所期盼的价值，下次就不会再来购买你的东西。

价值定位让你从自己的同类当中脱颖而出，问题是：在当前这种艰难的、不景气的、充满不确定性的经济环境下，你该怎样度过，怎样生存下去？一个有意义的价值定位，可能是你的宝库中最为重要的东西，它给你的企业以动力，并激励你的企业度过充满挑战的困难时期。

创造你的价值定位

安快银行的价值定位是基于我们的文化创立的，经过时间的洗礼，它已成为我们的一部分。价值定位并不是凭空产生的：我们得创造它。

与商学院老师讲的一些标准的管理规则不同，比如，我认为，如果你的价值定位够好，那么，不管市场环境是风和日丽，还是雷电交加，你应该都能驾驭得了。这并不是说你不需要根据所处的市场条件，不时地对它进行优化。但你不能只是在顺利时践行价值定位，也不能商业环境一有改变就调整价值定位，价值定位是无论发生什么情况企业都应该坚持的东西。

不久前，我应邀与我们的一个贷款主管一道，进行了一次销售拜访活动。在到达会谈地点之前，我方的几个同事就贷款的交易条件以及竞争对手（一家大银行）所提供的交易条件向我说个不停。他们告诉我，我们将不得不严格控制我们的交易，以满足对方机构所提出的定价。最后我说："别说了。你们几位应该知道，我并没有打算同这位潜在主顾谈价格。我不需要懂得贷款条件。我知道你们都懂贷款条件，你们只需要把具体的细则整理出来。"他们紧张地看着我，我敢肯定，他们心中一定在想：**哦，不，这家伙会把我们的这单生意给毁掉！**

双方会谈开始了，在各自做了介绍之后，我问了对方公司几位主管一个简单的问题。请记住，这件事发生时，正是经济衰退中期，房地产市场濒临崩溃，我们的潜在顾客所生产的是只适用于房地产行业的产品。虽然经济处于低迷时期，他们的公司仍然发展得很好。所以我问他们："考虑到目前的经济形势，看到你们公司做得这么棒，真是了不起。我很想知道你们公司成功的秘诀是什么。是因为产品价廉物美，并且在用旧了之后很容易更换，因而产生了叠加式促销呢？还是因为从一开始，你们生产的就是顶级产品，就产品和服务信誉一直这么好？"

实际上，我是在问他们："你们的价值定位是什么？"

他们中的一个主管快速地进行了回答。他说："不，雷，我们的产品一点也不便宜。我们不信奉廉价策略，不管经济形势好还是不好。让我们公司保持可持续发展的只有这样一个简单事实：我们生产非常可靠的令顾客信赖的高端产品。对这样的高端产品，我们再配上同一水准的安装支持以及认为我们的竞争对手永远不会、也永远不能企及的售后客户体验。我们不相信低价路线。我们信赖的只有质量，是生产让我们引以为豪的产品。”

他讲完后，我看了看他，说：“欢迎来安快银行。”

“你这是什么意思呢？”他问。

“你刚好描述了我们公司，”我回答说，“就像你们公司一样，我们也不是大卖场式的低端银行；就像你们一样，我们也信赖质量；就像你们一样，我们也明白，我们得在价格上具有竞争力。但我们的服务水准、对我们社区所承担的责任、独特的营运体系等，均提供了永远也不会打折的巨大价值。我们很认同这一点：是你们的价值定位造就了你们的不同凡响。你们的价值定位就是，生产让自己引以为豪的品质产品，认为这值得客户花更多的钱。”

“你说得绝对正确。”那位主管说。

“那也是我们的定位，”我解释说，“我们期盼着你们来到世界上最伟大的银行——安快银行。”

我走出房间，我的贷款主管紧随其后。他很感激我参加了本次的销售拜访活动，我们对赢得这家公司的业务充满信心。回到车上时，我告诉他：“这里面有需要学习的经验。一家拥有高素质员工和高品质产品的高端公司，是不一定要以最低的价格来赢得其信赖的。在销售拜访活动期间，你应该主动地谈起这个话题：我们的价值定位以及企业文化对我们的客户意味着什么。主动谈论价格，会让我们变得不值钱，并且让你只能围绕价格和条件来进行讨论。对于那些更大的银行，如果它们愿意，总是能够通过价格来压制我们。但他们做不了的事情是，在服务提供上，它们赶不上我们。如果你专注我们独特的服务提供，我敢保证，你会很快增加你的贷款业务量的。"

我对我们贷款部门的员工不断强化这样的信息：在跟别人谈我们的产品和服务时，第一个应该谈的不是价格。你们应该谈我们公司的品质、产品的质量以及支撑公司品质和产品质量的实力。你这样沟通时，是在告诉对方我们是什么类型的企业。如果他们了解了，也欣赏你所提供的价值，就很可能会为这个价值埋单。

这正是将你同其他人区别开来的地方。那些人会走进来说："没什么，如果安快银行收取 5%，我们就收取 4.5%。"这不是我想做的生意类型。

每年我们都对价值定位做大量研究。顾问会告诉你，在创建一个价值定位之前，你需要确定你真的知道并理解你的顾客和竞争对手。我不怀疑获取这些信息的价值，不管他们做了多少次——我们安快银行也做过那样的事情——我认为，这些东西无法促成价值定位的形成。对我来说，价值定位更多是关于我与我的公司想完成的事情。我为什么想做这个公司？我代表了什么？

如果你走到外面，询问顾客他们希望你的产品是什么样子、能解决什么问题，他们往往并不知道。可以确定的是，他们希望的是你有竞争力，能够继续给他们提供所需的产品和支持。所以说，与其说是**竞争**在起作用，不如说是**你**想要的东西在起作用。你能做些什么来巩固你的基础性工作，并实现自己的价值定位？而且，在向你的顾客履行这些承诺时，你能做些什么以不时为他们制造惊喜、让他们高兴？也就是说，你能做些什么来继续推进你的公司、推进公司的产品和服务以及改善公司提供产品和服务的方式？

有正确和错误地创立一个价值定位的方式。在总结了专门致力于提高营销和销售服务水平的——营销实验室——的工作基础上，皮普·拉加列举了一个优秀的价值定位应该具有的特质：

- 清晰！简单易懂。

- 传递出顾客购买和（或）使用产品和服务后的具体效果。

- 说明所提供的产品或服务是如何不同于或优于其他企业所提供的产品或服务。

- 避免天花乱坠的措辞（如"前所未见、令人惊奇的神奇产品"）、避免最高级形容词（如"最好的"），避免商业行话（如"增值互动"）。

- 让人在大约五秒钟内弄清楚、读懂。

- 另外，大多数情况下，公司的价值定位同具体产品定位之间存在差别。必须同时关注到两者。[1]

要实践你的价值定位，就需要你的员工信赖这个价值定位，需要你将这个价值定位传递给他们，让他们肩负起传播实践这个价值定位的义务或责任。创立一个你希望付诸实践的价值定位，需要持之以恒的热情，但最终你会觉得这是值得的。

没有人会喜欢让人不满意的结果，也没有人希望优秀员工离职。优秀员工是公司的核心，你不应让他们轻易离开公司。如果一个员工有机会离开公司，但依然忘我地工作，你就应该尽全力挽留。另外，如果有人不信任你，也会想离开公司。对你的经营方式缺乏信赖的人具有传染性，他们会像病毒一样很快将这种情绪传播到公司上下，将你费心费力所做的一切扼杀殆尽。即使对优秀的员工，你也得不时地回到他们中间，确保他们仍然与公司步调一致。

传递你的价值定位

在充满挑战的困难时期，价值定位可以稳定军心——它是员工们可以信赖的东西，能帮助他们渡过难关。如果价值定位蕴涵丰富，你就可以赢得员工的忠诚，保持发展的势头。

所以，你以什么样的方式向你的客户传递你的价值定位呢？你得告诉你的客户——还有你的社区以及其他利益相关者——你所代表的是什么。我发现这个现象很有趣：销售人员期盼着你谈定价、折扣、交货地点等，可这时，更应该谈的却是公司的品质。如果以演示的方式对公司进行介绍，你可以这样说，"这就是为什么你们需要购买我们的产品和服务"。这至少回答了他们正在思考的问题，即，"我为什么要购买这家公司的产品"。

有关价值定位，两个常见的陷阱是：一是压根儿没有价值定位；二是虽有价值定位，却不知其为何物。比如，如果我去拜访 10 家银行的总裁，并请他们告诉我他们的价值定位，我敢打赌他们中的绝大多数人会说这样的话，"我们是地方性企业，是做本地生意的"，以及"我们提供优质的服务"，诸如此类。对顾客来说，这些话都不痛不痒完全没有意义。更糟的是，银行的总裁说银行提供优质服务，可当你要他就优质服务提供量化的衡量标准时，他会看着你，认为你疯了。

你需要有让你的公司脱颖而出的东西，并且让这种东西牢牢拴住你的顾客和潜在顾客，这是很有意义的。

安快银行的文化，是建立在赋予员工权力去做精彩的事情上的。他们可以做他们想做的任何事情，以深化顾客对于我们银行的体验。我们的文化一直是建立在这个基础上。这也包括我们要说话算数。我们的价值定位源于过去18年我们所创造的文化。实践证明，价值定位是我们宝贵的资产，是价格之外让我们保有竞争力的东西。一个有意义的价值定位就能创造出这样的东西：不仅仅是你自己公司的价值，还有与你交往的所有公司的价值。好的价值定位承载着公司的文化，并将公司文化付诸实践。它是赋予公司文化以生命的东西：人们能够看到它，摸到它，欣赏它。

如果你是做食品杂货或电脑之类商品的售卖生意，价值定位就变得更重要了，因为你所卖的东西同你的竞争对手所卖的东西完全一样。如果你拥有一家中小型企业，认为可以通过打价格战脱颖而出，那就是在做白日梦！就安快银行来说，我们的价值定位是建立在赋予员工权力和要求员工承担义务之上的，有一个逐步建立起来的过程。我想借用破解谋杀案的表述方式来描述价值定位。警察锁定嫌疑人，是通过排除法做到的。他们关注的问题，不是谁真正实施了谋杀，而是谁**没有**实施谋杀，因此，最后剩下来的那个人通常就是嫌疑人。

在初到安快银行的时候，我一直思考：怎样才可以与自己的竞争对手不一样？我跟那些大银行打不了价格战，不像他们拥有那么多资源，我也缺乏他们的硬件设施。但在不断排除的过程中，我发现我们能做的是：在独特服务提供方面远远超过他们，因为我们更灵活、更小巧、移动更快，这对他们来说是不可能做到的事情。这一点，同我们赋予员工权力、要求员工承担义务紧密结合，构成了我们公司的价值定位。

培育你的价值定位

如果你只是为了发展而发展，不持续培育你的公司文化和价值定位，它们十之八九将形同虚设。随着你的公司规模越来越大，官僚作风会渐渐抬头，这种风气有可能蔓延到整个公司。在弄清到底是什么给你带来损害之前，你要像所有其他平庸的公司一样，按照流程进行一切。就安快银行来说，我们做了大量工作，才使我们的银行发展如此迅速。更为重要的是，与此同时，我们一直在强化企业文化和价值定位，这才成就了今天的我们。如果忽视这些东西，会给安快银行带来毁灭性灾难。放弃我们所做的所有努力，也丢掉了我们可以同竞争对手区别开来的东西，那无异于拱手认输，甘拜下风。

我们安快银行有一个说法，叫作"往大银行的蜕变"。它是指这样的过程：一个关心自己顾客的小巧而灵活的银行越来越死板、越来越官僚气、越来越按照条条框框办事。我们尽全力防止自己在不知不觉中蜕变成大银行。这种蜕变会随时从各个方向向我们袭来，它促使我们勤于保护自己的文化。在我们公司的内部网里有一个叫作"安快智能"（UmpquaSmart）的软件。这个软件能够让我们知道员工在什么时候会遇到影响公司命脉的政策或条条框框。这是一剂防微杜渐的良药，不幸的是，保险公司不会为这剂良药付费。

•你的公司有价值定位吗？如果有，那是什么？如果没有，是为什么？

•你是把公司的价值定位付诸实践，还是把它丢在一边，忘得一干二净？公司的价值定位对公司和你的客户有什么影响？

•你们公司的价值定位具备优秀价值定位的所有特征吗？

•你是怎样将公司的价值定位传递给你的客户、你的员工和其他利益相关者的？这个传递过程还能怎样改进？

第八章　时刻为员工服务

上帝不会询问你是否有能力，只会询问你能否时刻服务于他人。如果你证明自己很可靠，上帝会增强你的能力。

——佚名

作为一个领导者，你应该时刻准备着为你的员工、顾客以及社区服务，这在艰难时期尤为重要。当你从员工的视线中消失时，他们会开始担心，就没有心思做手头的工作。当你在员工身边随时服务于他们，并且信心十足时，你的企业会运转得更好。

可以从两个角度解读随时为员工服务：第一种，指别人可以很容易找到你，也就是说，员工和公众随时都能够直接联系到你；第二种，指在关键时刻，你不会退避三舍，丢下自己的员工。实际上我认为，当经济形势不好、经营环境越来越不确定时，作为领导的你，需要比以往任何时候都更多地服务于你的员工，还有你的供应商，以及公众、媒体、其他银行业者、顾客等。

当经营环境充满不确定性时，你的员工、顾客、合作伙伴及其他利益相关者需要确定你在掌控所有的一切，并且一切都会顺利过去。但如果这时候他们很难联系到你，就会担心可能出了问题。如果对于正在发生的事情，他们从公司领导团队那里得不到任何解释或安慰，就会产生恐惧。这种恐惧——对未知的恐惧——完全是徒劳的。而当人们编造出各自的理由来解释各种情况时，往往就会谣言四起，带来负面影响。

如果我是顾客，又联系不上我所购物的公司——没有人接电话或回电话，没有人回复电子邮件——那么，这家公司就在传递具有强烈负面意义的信号。这时候顾客就开始对号入座，猜想一定是这家公司出了问题，或者是认为顾客不重要。如果你能对他们进行回复，至少他们知道发生了什么；如果你不理会他们，那就是让他们来替你给出答案，而他们的答案往往富于想象、偏离真相，不是代表公司的最大利益。不管出了什么问题，顾客有疑问，你都要给他们一个解释。你做出了解释，就对你最有利。

在公司运营顺利的时候，人们联系到你可能会更容易一些。每个人都想告诉全世界，自己做的事是如何的了不起。但是，当情况不是那么妙的时候，很多领导者往往会不见踪影或躲避。这种可能无意中传递出的一个信号，最终会造成严重的后果。

实行扁平化管理

在安快银行，我们一直致力于组织架构的扁平化。因为我坚信，管理层越少就越好。我们无须为自己的员工制造障碍，要他们跨过几级才能接触到决策者。太多的企业有很多的管理层，结果他们的组织架构看起来像金字塔。在这种金字塔式的架构中，只有那些具有非凡的锲而不舍精神的人，才能够与高层直接沟通。当你拥有扁平化的组织架构时，要得到问题的答案并及时解决各种问题通常就容易多了，这也使得管理层能够充分抓住各种有利于公司发展的机会。它还保持了管理层同顾客之间的紧密联系，这是为顾客提供非凡服务的重要组成部分。

若干年前，当记者问及管理大师彼得·德鲁克谁是他认为的美国最伟大的领袖时，德鲁克毫不犹豫地回答：弗朗西斯·赫赛尔本。弗朗西斯·赫赛尔本此时不过是美国女童子军的首席执行官。当记者对德鲁克的回答有所质疑，认为他是说弗朗西斯·赫赛尔本是美国最好的非营利机构领导者时，德鲁克坚持自己的评判。他说："弗朗西斯·赫赛尔本能够管理好美国的任何一家企业。"

在《赫赛尔本论领导力》这本书的前言中，吉姆·柯林斯描述了弗朗西斯所理解的她为美国女童子军所设计的扁平管理架构：

1976 年，赫赛尔本处于一家公司的中心位置，但这个位置突然被贬低成为无关紧要的角色。这里，我小心翼翼地不说是"在公司顶层"，因为赫赛尔本从来不会那样看待自己的角色。当她向《纽约时报》的一名记者描述自己的组织架构时，她把一只玻璃杯放在一张饭桌的中央，由其作为中心向外辐射——盘子、茶杯、茶托——然而又有刀、叉、勺将这些连接起来。"我在这里，"她说，指着饭桌中央的玻璃杯，"我不是在任何东西之上。"[1]

运用这种独特的扁平架构的管理方法，赫赛尔本重建了美国女童子军组织架构，将会员增加到 225 万人，另外还有 78 万人的劳动大军，其中大多数是志愿者。[2]

如果有太多的管理层，其中很多充当的将只不过是不必要的传话筒。各种信息经由他们在公司上下传播一遍时，往往已经变得面目全非，或者在纷乱中被遗忘疏漏。安快的组织架构是有意设计成扁平式的，因为我希望员工们能迅速得到答案，我不想要，或者不需要传话筒。我要员工们清楚，管理人员是时刻服务于他们的，我们想要并且重视他们就公司的问题和发展机遇所提出的意见和建议。这对员工们的士气、信心、所提供服务的水准，以及他们与我们的顾客及其他利益相关者的沟通方式等，都有着令人难以置信的正面影响。我明白，有时，一个扁平式的领导结构并不一定是管理一家企业的最有效率的方式，但直觉告诉我，这是最好的方式。

在我谈到要时刻服务于员工时，并不一定是指等着电话铃响，或者等着电子邮件进来。时刻为员工服务，积极主动很重要。我曾收到一封来自普吉特海湾地区的信，是一位女员工写来。那封信实际上不是写给我的，但有人认为我很有可能非常乐意读这封信，就把信转给了我。在信中，这位员工写到她是如何热爱为安快银行工作。一读完信，我就拿起话筒给她打了一个电话。我说："我希望你不要介意我读了你的信。读完你的信之后，我就是想给你打个电话，想告诉你，你的评价太了不起了。我还想让你知道，我是多么欣赏你对安快所充满的激情。"她十分高兴我读了她的信，也非常吃惊我会这样打电话给她。你可以想象，单单就是领导给她回一个电话这种举动，就足以让她激动很长一段时间了。

每个月的第一天，我都会在给员工们的大约250张卡片上签名。这些员工在当月同公司一道庆祝自己的司龄。每年，每个员工都会收到我的卡片，卡片中告诉他们我是多么感激他们对公司的付出以及为我们的顾客所提供的高标准服务。我这样做是真诚的。我还强调领导要多出去走走，去看看我们的门店和各个部门，好让员工跟我们多接触。他们需要有见到我的机会，以同我聊聊。

与同事、顾客、供应商、公众打成一片

与他人打成一片可以很容易做到。我让自己与同事及顾客打成一片的方式之一，是通过我们称作"戴维斯电话专线"的渠道进行的。我们银行的每个门店都有一部专用电话。人们摁数字"8"，就可以直接接通到我在波特兰的办公室。如果我在办公室，会亲自接这些电话；如果我不在，会提示电话留言，我很重视在当天就回电话。刚开始我们只有六个门店，对

安装这些电话到底有什么作用我还毫无概念——其实我只是想让俄勒冈州罗斯堡这个小镇上的人们知道我就在附近，并期盼着能同他们聊聊天。

如今，我平均每个星期要接一两个电话，以往每个月只有两三个电话，我们的顾客似乎很愿意同自己银行的首席执行官对话。对于大多数人来说，他们打电话，无非是想让我知道，他们是如何享受我们营业点提供的独特服务，如何感激我们的员工。同样让他们印象深刻的是，只要他们愿意，就可以与安快银行的首席执行官对话。我接到的电话更多是员工打来的。在听到我说"您好"之后，他们多数只是说，"没什么，我只是想看看您是不是真的会接电话"，然后就挂断了。或者有时，他们会问我："你真的是雷·戴维斯吗？"我们的顾客很少打电话要我解决什么问题，但当他们真的有这样的需求时，我一定立即协助解决。我时刻准备着为他们服务。

这样做还真的有不一样的效果。比如，一个顾客打来电话，我们聊得非常投机，他大大褒奖了自己在当地门店打过交道的安快员工。我感谢他对我们的员工做出的评价。电话结束后不久，我写了一张便条给那个门店的员工，感谢他们出色的工作表现。大约三个星期之后，我又接到了那位顾客的电话。他说："雷，我打这个电话不是想让你烦，但我得告诉你这件事。"

我说："没问题，什么事？"

他说："我想，你记得在两三个星期之前，我给你打了电话，我们聊得很开心。我只想让你知道，那件事情对我来说真的太重要了。"

"我很高兴跟你交谈，"我回答说，"我很开心你当时打来电话。"

然后他接着说："那件事情给我印象太深刻了，于是我决定以打电话的方式检测另一家银行。我在镇上的另外一家大型国有银行也有一个活期存款账户，我决定看看是否也能与他们的首席执行官通话，就像与你通话那样。"

"结果如何？"我问，尽管我想我已经知道了答案。

"结果不好，"他回答说，"我花了大约一周半的时间才仅仅把电话接到首席执行官工作的那栋大楼的楼层。当我终于同他的一个助手对上话，并且说，'我想找首席执行官'时，得到的回答是，'史密斯先生（不是首席执行官的真姓）不接受公众电话询问，祝你好运。'然后，电话就被挂断了。"

后来，这位打电话的顾客把自己所有的银行业务都交给了我们。我总是非常高兴地同他交谈，或者同其他任何人交谈——只要他们愿意花一点时间，拿起我们随便哪个门店的电话打给我。

我知道，所有的首席执行官都很忙碌，我自己也很忙。但在工作日，我总会抽出一两分钟时间拿起电话，问候一下我的某位顾客。我认为，处于我这种位置的人如果不服务于自己的顾客、员工以及整个社区，是不对的。

在困境中如何引领公司？

如果一家企业正处在艰难时期，并且员工们对渡过难关有些迷茫，如果这个时候他们不知道决策者心里的想法——不管决策者是谁——会忐忑不安，并感到恐惧。我想，这些员工中的很多人，一旦有机会去其他地方谋职，会毫不犹豫地离开。在公司发展得顺风顺水时，与自己的员工打成一片固然重要，但在处境艰难时，与自己的员工打成一片更加重要。

当情势看上去不妙时，领导者会持观望的态度，这是很自然的反应。这个时候，他们会不断地同高层领导团队成员进行沟通，不经意间就忽视了同公司其他员工的交流。于是，员工们感到自己被冷落，他们的领导也无法听到他们就重要问题所发表的意见。关于公司到底能做哪些事情来渡过难关，这些员工们可能有很多好点子，但当决策制定者忽略员工时，这些点子就没有人去听取，更没有人采用了。

为什么不让员工与自己同舟共济呢？如果能够这样，员工们会觉得自己对公司更有价值，会更加投入地工作。他们也由此知道你很尊重他们，尊重他们的意见。这样做有什么不妥呢？大多数企业都有很多精明能干的人，其中很多人会有很好的策略。当我想找到比竞争对手更好的新点子时，常常能从员工那里获取重要而及时的信息。在有些情况下，他们刚提出建议，我们就立即采纳实施；在另一些情况下，我们会结合公司的具体情况对他们的建议进行适度调整，再予以实施。在我看来，与员工打成一片，不只体现在有人打电话时接接电话，更体现在无论顺境逆境，都与员工同呼吸、共命运。

与员工打成一片是所有领导者必修的功课。盖洛普咨询公司密切关注数百万美国公司雇员对于他们工作的投入度——即他们认为自己与所工作的场所有多密切。该公司所进行的最近一次相关调查发现，只有30%的美国雇员（不到1/3）对自己的工作非常投入：工作时充满激情，深深依恋自己的公司。如果这还不算糟糕，盖洛普还发现，有52%的美国雇员对自己的工作不能投入——他们均"通过考核"，但在工作中敷衍了事。真正糟糕的是：其他18%的雇员（差不多每5个人中就有1个）明目张胆地在工作中漫不经心——不仅在工作当中没有幸福感，还同雇主的目标唱反调，暗中破坏那些倾情投入的同事们所完成的杰出工作。[3]

有信心，要诚恳

如果你与自己的员工打成一片，却不鼓励或帮助解决他们手头的某个问题，那到底是什么让你认为那个问题会得到解决呢？与员工打成一片是一回事，但作为领导，你就应该能引领他们。员工期待着你有主意、有信心，期待着你采取行动。

让员工知道你并不能解决所有问题没有关系。但他们需要确定你愿意倾听他们的意见，并采取行动，以度过公司正在经历的困难时期。这种正面的信心是会感染他人的。在同员工打成一片的时候，你得表现出信心与果断，同时，对面临的一些问题要坦诚。

我经常提醒我的高管们，不要小看我们给员工带来的影响，这既包括正面影响也包括负面影响。打一次电话、亲自到办公室去拜访一下、在走廊上真诚地说一句"谢谢你"，诸如此类的交流沟通，可以大大改变一个员工一天的工作状态。我亲自打电话给写信说自己很开心为安快银行工作的那位年轻女员工时，并没有付出任何东西，她却感到非常惊喜。我敢肯定，她把这件事告诉了其他员工。这些对员工有深远影响的事情，对那些愿意花时间同外界交流沟通的高管们也会产生特别的意义，成为他们职业生涯中的难忘经历。

思 考 题

• 你会同自己的员工、顾客、社区以及其他利益相关者打成一片吗？以什么方式？多长时间一次？

• 你能做哪些事情来改善你同他人的关系？

• 在企业实行扁平化管理能够切实改进沟通和决策过程吗？如何改进？

• 你在做哪些事情与员工们在工作当中打成一片？

第九章 激励和鼓舞

当然，激励不是恒久的，但却是你应该经常做的，就像洗澡。

——齐格·齐格勒

我告诉安快银行的员工，只要你是领导者，你的职位描述就真的跟我一模一样。不管你是引领一个人还是引领一千人，领导者职位描述都只有两个简单的词：**激励**和**鼓舞**。如果你不能够激励和鼓舞员工，就不能够引领他人；如果你不能够激励和鼓舞他人，就需要让路，给能够激励和鼓舞他人的人留出空间。就这么简单。要做到这一点，需要建立起信任关系，释放我们每一个人身体内部的能量和激情。这意味着每天都要有意识地去识别并奖励你希望人们所做的各种行为。

　　在进入银行业之前，我在部队里当指挥官。如果要让全排将士去做一件富有挑战性和危险的事情，我知道我不能像下面这样说：

听我的口令，各位，我们得夺下这座山头。现在，敌人不会让我们轻而易举地夺下它。实际上，敌人会制造重重困难。那将是一场血战，一场你死我活的争斗。不仅如此，我们当中有一半人可能就回不来了——也许更少的人能活着回来。我不知道我们为何必须夺下这座特别的山头，但上级给我下了一定要夺下的命令。所以咱们只好履行任务，并抱最好的希望。

我可以保证，听了这一段话，没有一个士兵会被点燃起斗志；你自己也不会有。

但是，如果我正确理解了这一命令并按照以下逻辑进行说明：我们具体要做什么、为什么要这样做、为什么完成这个目标对于我们的战友、家庭、整个国家都很重要——不管前进的路上有多少艰难——整个情况就会完全不一样。我的士兵会受到激励，甚至还有可能被激起斗志，于是奋不顾身猛攻并最终占领那座山头。

真诚、信任和激情

根据我的经验，成功的领导者最为重要的特征之一就是真诚。如果你要去激励和鼓舞员工，必须和他们建立起信任关系，以诚待人。如果你召集一群领导到办公室，问他们："你们今天想要做的事情是什么？"我认为大多数人的回答可能是：劝说员工们多做事。但是，劝说只是问题的一个部分。作为领导者，能够激励和鼓舞自己的员工主动完成工作，这样的领导者才是成功的领导者——他们会将企业往正确的方向引领。

如果你是领导者，却不能够激励和鼓舞自己的员工，你就会陷入绝境。不幸的是，当今美国企业中的绝大多数雇员都感到，他们做了努力，却没有得到认可。他们没有得到本应该得到的激励和鼓舞。专门研究雇员激励和鼓舞的马瑞兹公司所做的调查显示，有34%的雇员认为，或者强烈认为他们没有得到所期待的认可。只有12%的雇员确定，他们被以自己所珍视的方式认可了。[1]

雇员认可度研究专家鲍勃·尼尔森认为，"一家企业可以增强员工动力的最强大的工具之一便是认可度。"[2]尼尔森将**认可度**定义为"对某个完成所期待的行为或结果的人的积极评价"。他接着具体描述了认可度：

> 认可度可以以被承认、被赞同或感激等形式出现。它意味着因为某人为你、你的群体或者你的组织做了某件事情，你表现出欣赏。认可度也以询问、尊重某人意见、让某人参与到某项决定当中或肯定其所从事的职业等形式呈现。当一个雇员正在努力达到某个目标或实施某个行为时，或者他已经完成了该目标或该行为，这个时候就可以给予认可了。[3]

马瑞兹公司的另一项研究表明，在工作中得到认可的雇员们会：

• 5倍于他人的可能性感到自己更受重视

- 7 倍于他人的可能性留在目前的公司

- 6 倍于他人的可能性投资当前的公司

- 11 倍于他人的可能性对当前的公司尽职尽责[4]

作为领导者，我不能要求你必须按照我说的去做，但我有办法让你**想要跟随我**。命令某人排队与向他们解释清楚排队会带来的利益从而主动排队之间，存在着巨大差别。

还有一件事情：当你以领导者身份激励和鼓舞员工时，你需要有感染力。如果你有激情、有热情、有能力激励和鼓舞员工，你便能拥有一家兴旺、充满活力的企业。到目前为止，我还没见到对什么事情都缺乏激情的人。卓越的领导者善于激发员工的激情。每个人都想把工作做好，每个人都想让他人高兴。效率高的领导者认识到这个事实，于是就找各种方法去激励和鼓舞自己的员工，让他们释放这种激情，以取得优秀的业绩。

力是相互的。正如领导者可以激励和鼓舞自己的员工那样，员工反过来也可以激励和鼓舞企业的领导者。当受到员工长时间起立鼓掌时，你就能领会这一点了。诸如"我们有希望了！我们听你的！我们跟着你！"之类的话，对于领导者而言，也非常具有激励和鼓舞作用。这是清晰而强烈的信号：领导者得到员工的信任，他的员工认为他能获得成功。如果我非常成功地激励和鼓舞了我的员工，我的员工也会反过来成功地激励和鼓舞我。当员工们这样回馈你的时候，这是非常划算的，真的非常划算。

不确定时期员工的价值

在充满了不确定性的时刻或时期，人们会寻求支持、鼓励和帮助。领导者也不例外，他们需要有顾问在自己身边。寻求他人帮助是人类的天性，也是一件好事。我敢肯定，遇到问题时，有的人会这么想，"这是我自己的问题，我自己处理。"这种想法不仅达不到预期目标，甚至会危害他们的健康。要知道，把问题摆到桌面上，处理起来更容易，修复或解决问题的过程也就可以启动。如果你把问题放在心里，焦虑能做些什么，很可能会得胃病！这种态度也不利于取得进步，更不用说取得什么成果，对公司或者个人来说都不利。

人们都有机会利用各种资源来帮助领导者、管理者或者家人解决各种问题。每个人都不是一座孤岛，不是独自一人面对所有问题。

提到安快银行时，我经常说，我们所拥有的最宝贵的财富就是我们的企业文化，因为我们的企业文化是由我们的员工所创造。2008~2009 年，当经济衰退袭击银行业，包括我们的银行时，我一如既往地向他人包括我的员工寻求帮助，我身边需要有优秀的员工。

这当中还有另一个因素：这些人——尤其是那些感觉自己受到家人、朋友和公司支持的人——会畅所欲言地建言献策。赋予他们更多的权力，让他们提出具有建设性的批评意见，这对他们来说是巨大的激励。

有一种重要的方式可以让员工参与进公司的决策与建设，激励他们推进公司往前发展。这种方式是，每次的焦点小组会议，我都会叫

10~12 位员工——都不是管理人员——跟我坐上一个小时，谈谈如何把公司办得更好。在这过程中，我积极寻觅具有建设性的批评意见。在这样的会议上，唯一的规则是：我们不谈论人的问题，只专注怎样从员工的角度，把这个公司办得更好。我从这些会议上收集到的信息价值之高真的叫人难以置信。那些从他们那里得到的好点子，我会马上就予以实施。当然，并非所有的点子都是好的，这没什么，属于焦点小组会议讨论过程中的正常情况。如果觉得某个建议不好，我会直接告诉他们，那可能不是我们打算研究的东西，让他们不要再抱希望。

如果一个企业不愿意倾听具有建设性的批评意见，不愿意倾听关于它能做哪些事情、还有哪些事情没有做到的意见，这个企业怎么能够发展得更好呢？不愿意倾听，就不会有改进，也不会有成长。对于任何领导者来说，成功没有秘诀。

团队的价值

企业团队的价值是无法估量的，但它会受限于成员所投入的精力、注意力以及所释放的激情。当我开始掌舵安快银行时，很快便意识到，我是无力独自一人改变这个企业的。我根本分身乏术，尤其是在公司的成长期。所以，早在 20 世纪 90 年代初，我们便创立了"总裁俱乐部"，这个俱乐部的成员都是安快银行的文化大使，他们是一个团队。对于这些人来说，信心、动力、独特的安快文化，都是极具感染力的。

当我们没有做到最好时，"总裁俱乐部"成员敢于提出具有建设性的批评意见，以确保我们继续努力做得更好。如今，"总裁俱乐部"大约有125名成员，分散在我们公司上下。他们是我的耳目，我每个季度都要跟他们碰头。

在"总裁俱乐部"内部，我们设立了一个主席委员会，该委员会由"总裁俱乐部"成员中的一小部分人组成，其中一人被推举为主席。这个小群体定期碰头，讨论我们将往何处去、需要做什么以及作为一个企业如何做得更好。这个团队是我们的巨大财产。我想说，我是有能力激励和鼓舞与我有接触的员工的，但我不可能每天都与每个人保持联系。"总裁俱乐部"的成员就是我的大使。事实证明，这个小群体对我来说，是无价之宝。

"总裁俱乐部"宣传安快的文化，它有很多办法来鼓励肯定工作做得卓越的团队。比如，他们颁发团队奖（"总裁俱乐部"的成员们自己独立颁奖，我从不掺和），选出他们认为以最为专业的方式达到公司标准的团队。该团队可以是我们银行某个门店的一个团队，可以是某个部门，可以是一个部门下属的某个科室，或者任何其他某个基层单位。赢得团队奖，对于我们的员工来说非常重要，"总裁俱乐部"有权以他们想采取的任何方式颁发团队奖。

任何员工都有资格申请成为"总裁俱乐部"成员。同时，公司的任何人都可以提名其他任何人加入到"总裁俱乐部"中。提名人选最终要汇总到由"总裁俱乐部"成员组成的筛选委员会。我们有两个不同的选区，一个包括俄勒冈州和华盛顿州，另一个包括加利福尼亚州和内华达州，两个选区的委员会成员各自对该选区的提名人进行筛选，并将各自的人数缩减到 6 人。然后，两个选区的"总裁俱乐部"各自以投票方式，选出它们的前三位候选人，获得 3/4 选票的候选人最终入围。

听起来好像很容易就可以加入"总裁俱乐部"，但其实很难。事实上，2013 年，我们吸纳了一位在公司工作了 10 年，而且在这 10 年中，有五六年都被列为候选人的年轻人。"总裁俱乐部"成员享有很高的声望。他们被赠予一定的公司股票，被授予特别的姓名牌，还有其他额外津贴。这个俱乐部对我们的员工和我都非常重要。

入选的员工在"总裁俱乐部"成员的位置上服务 10 年时间。任期届满时，他们可以转到"总裁俱乐部顾问委员会"。换句话说，他们成为"总裁俱乐部"的荣誉退休者。这使我们能够不断为"总裁俱乐部"注入新鲜血液。

通过诸如"总裁俱乐部"这样的形式，我们努力确保我们的企业文化发展得更为健康有活力——作为一个企业，不管规模扩展得有多大，只要我们的文化保持强劲的势头——我们的文化是我们所拥有的最宝贵的资产——我们就一定会成为一家了不起的公司。

员工激励机制

在安快银行，我们有一整套专门用于激励员工的机制。这个机制内工具数量之多、种类之丰富，可以确保每位员工都有机会参与到公司的成功中来——不管他做出的贡献是大还是小。

下面就是其中的一些项目：

·表扬信箱：员工们可以通过表扬信箱把一些同事的优秀事迹提交到安快银行的内部网《知情人》栏目上。所表扬的内容就是那些采取特殊方式给顾客提供非凡体验的人。每个月，经过筛选的被表扬的员工，会获得 50 美元奖励，并且在《知情人》上得到特别的认可。

·零售优胜质量奖：零售优胜质量奖是专门为了衡量个体门店的进步情况而设计的。顾客储蓄账户保管、新账户调查、客户意见调查以及每个全职员工的新存款和贷款账户完成额度等，都可看作评估要素。每个月，公司都会对各门店在零售优胜质量方面的业绩进行排名，业绩最为突出的营业点团队会得到总行的认可。令人垂涎的水晶奖杯由高层管理人员颁发给最终排名第一的门店。

·部门质量优胜奖：在安快银行，我们的工作重点是要提供非凡的服务，不仅是为我们的外部客户服务，也要为我们内部的其他同事和团队成员服务。为了强化这种预期，通过在线调查的方式，安快银行对每个部门的内部服务质量进行评分。最终评分最高的部门将获得水晶奖杯。

·杰出精神奖：这项大奖，颁给既为客户又为同事做出杰出贡献的员工。这些员工关注细节，给他人带来惊喜和快乐。每个月获得该奖项的人都是从员工的提名中评选出的。获奖者有 100 美元奖励、一个奖章和额外一天的带薪假期。

•**团队认可基金**：每个门店和部门都有一份团队认可基金。每个季度，相关团队都会按照员工的人头数（以本季度末最后一个月的记录为准）获得团队认可基金。所有员工都有权使用这笔基金来认可其他同事，而不需要上级批准。

•**文化冠军奖**：这是安快银行的新奖项，也是认可机制当中的新项目。文化冠军奖在某些特定事业部设立，由各单位的行政主管掌控。获奖者是依据该部门制定的在文化方面有杰出表现的标准评出的。

•**世界顶级银行大学认证项目**：世界顶级银行大学（WGBU, the World's Greatest Bank University）在银行的不同功能区提供认证项目。在项目完成的时候，通过在内部网《知情人》上发通告、授予成果证书、举行毕业典礼、出席认可午宴等方式，员工们的这一成就被认可。

•**服务年限奖**：对服务年限的认可奖是在具有里程碑意义的公司周年纪念日上颁发的。每一位获奖人都能得到一个礼品盒，其中包括一枚个性化的奖章和一份礼品目录。获奖的同事可以从礼品目录中任意挑选一份礼物。

•**年度杰出表现奖**："年度杰出表现奖"是对当年业绩突出的个人和团队进行奖励。这项评选活动很盛大。每年的具体奖项会因情况不同而有变化，这里是以往颁发过的奖项：年度最佳新人奖、年度最佳贷款员奖、年度最佳门店员工奖、年度最佳部门奖、年度最佳门店经理奖、年度最佳门店奖、年度最佳志愿者联系人奖等。

•**年度主席和总裁奖**：这两个奖项是在每年"年度杰出表现奖"的

颁奖活动上颁发的最高荣誉。获得这两个奖项的员工，在践行安快银行的核心价值观方面起到了表率作用，他们在提供最高水准的客户服务方面表现得特别突出。该奖项奖品包括夏威夷七日游、1 500 美元的现金，还有一周的带薪假期。

鼓舞、奖励和认可你的员工，是你作为领导所能做的最重要的工作之一。如果你善用这些方式，作为回报，你将获得一支有着巨大工作动力、全心全意投入公司发展，并且自己也感觉到满足的员工队伍。

思 考 题

• 你做哪些事情来激励和鼓舞你的员工？

• 你做的哪些事情让你的员工对自己的工作以及公司感到失望？

• 你的公司有哪些主要的奖励机制和认可机制？

• 你很重视亲自对员工的突出工作表现表示感谢吗？为什么或为什么不？

第十章　撬动你的资产

利用你的品牌。你不应该让别人讨厌你。

——盖伊·川崎

不断拓展企业规模是让你的企业持续发展的唯一选择。这就要求你要利用并构筑你的强项。

　　不管你的公司有多大或者多小，你总会从对资产的利用和规模化当中受益。换句话说，如果花 100 美元可以建 10 个小装置，那么怎样用同样的 100 美元来多建 50 个小装置，才是我想要知道的事情。事实上，资产的利用和规模化对于处于困境中的企业来说非常重要，它们对于公司的生存必不可少。有一次，我参加在纽约举行的银行业会议。会上，一位知名的分析家这样说道："当你展望企业的前景时，需要做的事情是这三样事情中的一种：卖掉它、关掉它，或者做大它。"

虽然我认为这样的言论太过尖锐，但在目前的经济形势下，他说的大致是对的。

每个领导者、每个企业主、每个首席执行官，都应该不断地探索如何利用好公司的资产和规模化效应。由于目前的经济状况以及竞争因素，在我的职业生涯中，我第一次认识到，企业的规模是大还是小，结果会很不一样。如果你经营的是一家小企业，你怎样打倒规模比你大的公司或生产可以杠杆化的产品？

不过，在你寻求资产利用的过程中，必须能够果断地放弃不能给你带来预期收益的投资。在企业进行投资时，会涉及资金、雇员时间和其他附加的重要资产，因此，有时让领导者放弃并继续往前走是很难的。那会造成资产或者资源浪费，结果严重时甚至会拖公司的后腿。

前行之路时刻需要你做平衡。你时刻要寻求资源的利用和企业规模的扩大，但与此同时，你必须能够放弃在某项不产生效益的资产方面所做的投资。

就我的经验而言，很多企业主在是否要放弃投资上非常纠结，因为他们过于乐观了。他们说，"再给它一点时间吧，它会产生效益的。"他们有可能对——或者不对。我是天生的乐观派，但我认为这个选择糟糕透顶。因为无论你多么乐观，总有一些投资不会起任何作用。出现这种情形时，最好的方法就是果断地放弃，并继续投资收益胜算更大的事情。

以技术创造价值

很多人谈论他们如何利用技术为公司谋利。由于如今很多技术的价格非常低廉，几乎任何人都能得到他们所需要的东西——不管他们在经营什么类型的企业。理所当然地很多人认为，技术会使我们的公司发展得更好、更强大、更快捷。但在谈到利用技术时，我真正感兴趣的是，它会给我们公司的价值定位带来多少附加值？——换句话说，技术到底怎样在为顾客体验做贡献？对我来说，这正是我们能够最为有效地利用技术的地方。它将创造出我们所喜欢的巨大的价值。

对于利用资产的问题，人们必须要有创造性。几年前，我同另外四位银行业者一道参加了一个讨论小组。这四位银行业者代表了比安快银行小的其他银行。我们每个人都被要求回答这个问题："在接下来的一年，你们打算拓展哪个贷款领域的业务？"请记住，当时恰逢 2009 年和 2010 年的经济大衰退时期，贷款业务仍然收得很紧。会议召集人就这个问题轮流问了小组中的一排银行业者。他们每个人都说准备扩展商业贷款和工业贷款——这也是他们目前的业务贷款。当召集人问到我的时候，我给出了不同的答案。

"这个嘛，"我说，"首先，和其他四家银行一样，我们也会扩展商业贷款和工业贷款业务，同时我们正在增加增量资源，以确保取得成功。所以，如果本小组中的各位朋友认为，他们不用增加增量资源就能比以往任何时候都更快地增加商业组合贷款和工业组合贷款，那么，我只能祝他们好运。"我说这话时，周围的人并不太认同我。

我的这番话说得很委婉，但所传达的信息很明确：这几家银行拓展商业贷款和工业贷款的成功率很低，除非他们准备投资增量资源以完成任务。这又回到了之前所说的在搭建资产利用平台的时候，领导者必须准确地知道在什么时候进行投资，以取得最佳的效果。关键就在于对时间的把握。

我的意思是，如果这几位银行家认为，他们明年的商业贷款和工业贷款将突然得到扩展，就是因为他们现在说了会那样做，那恐怕他们是吃错药了。我猜得出，为这几家银行工作的人，恐怕已经在为自己找后路了。我认为，这些银行的领导者真正应该做的是增加人员，并巩固自己的贷款基础，以取得更好的结果。那也是我们安快银行在过去所做的事情。我们相应地增加并利用了不同类型的资源以及所需要的基础条件，以使我们有能力也有机会增加我们的贷款。

在这种情况下，就会涉及对某种技术的利用。但主要问题是，我们要走出去，并且要从其他银行或者我们想进入的市场中挖来一些商业贷款团队。你认为我们做这件事情最吸引人的地方是什么？——让整个团队成员从大型的国有银行来到我们这个小小的、总部位于俄勒冈州的银行——是我们的文化以及价值定位吸引了他们。他们早已对我们的文化了解得很透彻，并且对我们的价值定位非常感兴趣。毫无疑问是我们的独特文化正好契合了他们每个人的心思，使得我们有机会去吸引并招募一些真正顶级的人才。

不要为了增长而增长

商业的本质就在于竞争。这就要求我们要不断提高效率，求得生存，扩大业务，提高利润，最终兴旺发达。在经济困难的时期，尤其需要如此，你没有多少犯错误的空间。因此，在这次经济衰退及其余波期间——各家公司都大大收紧了自己的预算并削减了成本。这种效果可以从整个国家的失业率上看出。整个国家的失业率，我认为要花很长时间才能恢复到大衰退之前的水平。这是因为，各个企业现在的效率更高：它们不需要同样多的人来做以往所做的事情了。再加上消费者需求的萎缩，这就意味着在可预见的将来，与以前相比，企业所需要的人更少，所生产的产品也更少。

很多企业，利用经济下滑期来提升效率。如果在大衰退之前，我需要10个人来做50个小装置，那么在那以后，我学会了只利用6个人来做同样的50个小装置，从而就可以辞退我不再需要的4个人。而当经济状况好转时，我也不会把那4个人再雇回来。如果我想把产出增加到80个小装置，以便赢得市场份额，则很有可能会把其中的1个或2个人再找回来。这后来就变成了我利用资产的一种方式。

在今天的经济环境中，如果你不打算扩大企业规模，不打算扩大控制范围（"资源配置"的另一个表达），我几乎可以保证，你一定会出问题的。原因是，在这种经济环境下，你需要尽你所能找到足够多的空间来进行谋划，也需要想办法不只在价格方面同他人进行竞争。请记住：规模大的企业，如果成功地利用了规模效应和资源配置，就可以在它们所希望的任何时间，跟小企业打价格战。

我不赞同为了增长而增长，但我的确认为，增长可以是很好的一件事情。当然，增长需要有利润、有效率。在银行业，相对较小的社区银行几乎100%的收入是来自贷款组合的净利息。这就没有多少空间来做其他的事情。相对而言，较大的银行则有能力通过多样化的创收活动来增加收入。这使得它们更有能力提高收入并利用自己的资产。相对较小的企业，吸引不了必要的人才，在很多情况下也不具备赢利性增长所需的资本。所以说，规模在带来资源利用方面的确是很好的东西——只不过你不要让你的企业只是在规模上越来越大。

企业文化是我们安快银行所拥有的最宝贵的资产，也是风险最大的领域。如果我们公司发展了，却由于某种原因摈弃了自己的企业文化，那就失去了自己企业独特的东西，也就失去了我们的竞争优势和价值定位。我们的声誉也会一落千丈，我们的顾客就会转向其他的选择。

无数的公司，纯粹是为了求大而变得规模很大。一路走来，它们丢掉了自己独特的企业文化。官僚作风和僵化办事的作风盛行，于是，公司犹如一潭死水，失去了它的吸引力，也因此失去了它所有的竞争优势。有很多大大小小的公司就是因为这个原因而关门歇业。正如作家爱华德·阿比曾经说的，"为了增长而增长是死亡的套路"。[1] 为了增长而增长会将即使是最充满活力、最强盛的企业引向崩溃的边缘。

根据企业管理顾问格雷姆·迪恩斯和玛丽·拉尔森的观点，增加利益相关者价值有赖于在三个重要方面培养各种能力：

- **运营**：成为你的行业里产品成本最低、质量最高的竞争者
- **组织**：打破你的企业的增长障碍，创建一种增长文化
- **战略营销**：利用营销四要素——产品、地点、价格和促销——来满足顾客需求并赚取利润[2]

迪恩斯和拉尔森接着说，"的确，如果缺乏这些能力，为增长而增长的策略便是难以逃脱的陷阱。这种策略也被过高地估计了，因为它不一定能被调节成为有盈利的长期增长的动力。"[3]

未能达到自身最高效率的小型企业会在竞争中陷入困境。事实上，由于小型企业在价格上无法同大型连锁企业竞争，因此不得不制定能够吸引顾客的其他策略。你如何制定这样的策略呢？我想，答案是显而易见的，但只有在你苦苦搜寻之后才能获得。

这里给你提示一下：你最好有一个更好的价值定位，有良好的声誉，还有一批被赋予权力的员工。这些特点会有助于你的公司与其他公司不一样。这样，你就可以不仅仅是在价格方面同诸如沃尔玛这样的大型企业竞争。如果做不到这一点，你就完蛋了。

学会让 1+1=4

如之前所说的那样，只是为了增长而增长不是一个好策略。事实上，它是引发灾难的导火索。例如，很多企业认为，通过并购就可以进入新的

市场或者盘活资产。如果你的并购不是为了扩大规模，那就不是一个糟糕的策略。因为规模更大并非总是更好。我认为，为了做大而并购的理由是苍白的。

在进行真正的收购之前，要回答两个关键问题："这么做依据的是什么战略原理？"以及"有财务上的意义吗？"

第一个问题是最难以跨越的障碍，也是所有人都会问的最棘手的问题——"为什么？"答案不能仅仅是"为了扩大规模"，必须得有一个战略理由。就安快银行来说，我只想知道一个问题的答案："如果我们收购另一家银行，我运用安快的资源——我们所拥有的工具和产品——能让这家银行发展得比先前更好吗？"如果这家银行有发展潜力，我们会感兴趣的。如果看不到这种潜力，我们会完全放弃这笔交易。

不久前，有人问我，我们是否会考虑收购一家小的企业。因为传统观点认为，收购小企业同整合大企业一样，都不容易，而且没有多少收益。我的回答令他们大吃一惊："这取决于这个企业处于什么样的市场环境。"如果是充满潜力的市场环境，而且是安快企业文化和价值定位会发扬光大的市场环境，我当然会感兴趣。

第二个问题——确定并购的财务指标——则相对来说要容易一些。数字说明一切：数字既不会增加盈利，也不会减少盈利。从收购中获取的潜在收益是否大于成本？它具备有价值的财务意义吗？如果数字不支持某项收购，那么，你要想继续收购的话，最好有特别强大的战略原理依据。

思考题

• 对于你的企业，你在做哪些事情来盘活资产和扩大规模？

• 你通过哪些方式来运用技术？又通过哪些方式来盘活自己的财力和人力资源？

• 你通过哪些方式来使自己的企业运营更有效率？未来有何规划？

• 你的企业所寻求的是为了增长而增长吗？如果这样的话，你计划如何远离这种怪圈？

LEADING THROUGH Uncertainty

第三部分　引领你的行业

> 稀缺的不是资本，而是视野。
>
> ——山姆·沃尔顿

我们对电子邮件、文件、视频信息、流式视频、网站、博客及不断完善的APP越来越依赖，互联网在我们的生活中已不可或缺。很难想象，互联网才仅仅诞生了20多年，在约15年前才开始广泛应用。虽然互联网诞生的时间不长，但不少公司已在互联网领域成为领导者，例如谷歌、脸谱网、eBay（易贝网）及YouTube（视频网站）。行业的领导者来来去去，专注的领导者才能成功。在最后一部分，我们讨论怎样从组织的内部及外部发展并维系其声誉——在这充满不确定性的时代，制造影响，形成正面轰动效应，不断实践前行。

第十一章　信誉是生命

> 　　建立信誉要花20年，毁掉信誉可能只需要5分钟。有些事，如果你想一想，就不会那样做。
>
> 　　　　　　　　　　　　　　　　　　　——沃伦·巴菲特

每家企业都依靠自己的信誉生存——信誉是企业通过为自己的员工、顾客及社区谋福利而赢得的社会资本。信誉是一个企业价值观的反映。好的信誉会让你走得很远，即使是在最为艰难的时期。然而，建立起良好的信誉并不容易，它要求对细节给予实实在在的关注，在做好基础性工作的同时，始终如一地满足顾客需求。

在安快，随着业务遍及全国各地，我们的四个核心价值也成型了：绝对的正直、杰出的服务、创新的交付和强烈的社区责任感。坚持这些核心价值观，就创造了一个将社会资本自动储存到我们银行的信誉体系。如果没有履行价值观，我们一直在积聚的社会资本，一部分就会崩溃并丢失。

任何失去过顾客信任的人都知道，已经失去的社会资本要想恢复，是难上加难的事情。

占领安快银行运动

我早就知道，一个企业的信誉是一种极为强大的力量，这是颠扑不灭的真理。在最近这次金融危机的高峰期，当我们面临前所未有的挑战时，这个真理显得愈发明晰。

2011 年，"占领华尔街运动"席卷美国很多大城市。该运动组织于当年 9 月 17 日在曼哈顿金融区的祖科蒂公园宣告成立，很快就波及美国 100 多个城市。出现这种运动的原因可追溯到长期以来公众积聚的对社会的不满情绪，包括美国社会中不断扩大的贫富差距、奥巴马总统把控不了金融业导致了 2008 经济危机，以及一个信念：政治早已被金钱上的利害关系所取代。[1]

俄勒冈州波特兰市的占领运动成员于 2011 年 10 月 6 日举行了首次抗议游行。作为抗议游行活动的一部分，该组织计划在一天时间内召集其支持者占领波特兰市的银行。我认为，"占领波特兰组织"中的很多人都是正派的，他们的动机良好。但一小撮无政府主义者潜入其中，把运动推向了极端。

"占领波特兰运动"组织的网站上公布了其接下来的抗议活动、游行及其他"占领"计划，我们密切关注这项运动，以便把握他们针对波特兰市各家银行拟采取的行动。随着日期不断临近，网站上公布了将要占领的银行名单。我毫不奇怪地看到，富国银行、美国银行以及其他大型的全国性银行均榜上有名。我们确实没有担心自己会成为袭击的目标，因为，同那些银行巨头们相比，我们只是一家与社区颇有渊源的小银行。我们不是华尔街。

但是我的希望很快破灭了。

一天，一个员工来到我的办公室，对我说："嗨，雷，我们只是想让你知道，我们一直在密切关注的"占领波特兰运动"网页上，安快银行的名字赫然在列了。他们要来安快银行这里游行了。"

"你在说什么？"我问，"你肯定吗？"

这位员工给我看了"占领波特兰运动"网页。的的确确，他们要往安快银行这边游行了。我知道这对我们的银行、员工以及客户都不好。

几天后，我对我们的企业通信与公共关系主管伊芙·卡拉汉说，"我要你联系一下'占领波特兰运动'的组织者，我想同他们对话。"

伊芙看着我，好像我疯了似的。

"雷，同他们对话可是有风险的。"

"知道有风险，伊芙，"我说，"但我想同他们对话。请联系上该组织的领导者并安排一下。我想消除中间的误会。"

所以，就在他们的游行活动将要开始的前一天，"占领波特兰运动"的领导者同意与我见面。每个人——请相信我，是每个人——都建议我不要这么做。但我相信，如果我说清楚情况，我们很可能就能够避免这场灾难。

在约定的时间，两位文雅且口齿伶俐的年轻女子在安快银行的办公室同我见面了。我感谢她们愿意来见我，然后说，"这个会议我们不录音。你们可以问我任何问题，我也可以借此机会清楚地告诉你们安快银行的情况——我们是什么样的银行，有怎样的员工，为波特兰社区做了一些什么，等等。"

于是，她们真的问起了问题。

"你们收取了问题资产救援计划资金，"其中一个女子首先说，"但从来没有归还，为什么？"

"我们两年前就还了。"我解释说。

"哦，还了吗？"那位女子问。

"是的，我们还了。"我清楚肯定地说。

"噢，那好——我不知道这个情况。还有一个问题要问你。你们的董事会主席在经营一家森林产品公司，我们不喜欢这样。"

"你说得很对，"我说，"但那与我们有什么关系呢？"

"这个嘛，"那位"占领波特兰运动"的领导者继续说，"他是你们董事会的成员啊。"

"我明白了。"我回答说，"但请准确地告诉我，到底哪里有问题？你们见过我们的董事会主席吗？他是了不起的人呢。你们应该见见他。我认为你们一定会喜欢他的。"

"哦……"

我继续说，"那，你认为我们在哪些方面对他的森林产品公司有影响？"

"你的意思是？"那位女子问道。

"我不是他的董事会成员，也不是他的首席执行官，"我说，"我无法影响他的业务。我不能告诉他，他该干什么或者不该干什么。"

"好的，我明白。"那位女子说，"但他仍然是你们董事会的成员。"

"好的，"我继续说，"但是，让我来问你们一个问题：你们打算什么时候去俄勒冈州男孩女孩俱乐部那边游行？打算什么时候去救援托儿所那里游行？救援托儿所是帮助那些贫困儿童免受家庭暴力的地方。"

"你在说什么啊？"两位女子异口同声地说。

"他还是男孩女孩俱乐部和救援托儿所董事会的成员呢。"我说，"你们打算什么时候去这些机构游行呢？就是因为这些机构董事会里的一个成员——一位对那些生活面临严重挑战的人们伸出援助之手的人——经营了一家你们不喜欢的公司？"

"占领波特兰运动"的领导者们显然从来没有想过这个问题。

经过几轮问答之后，我们结束了谈话，还互致谢意，让彼此都有机会以一种文明而富有成效的方式表达了各自的观点。三天之后，当"占领波特兰运动"的成员去往几家大的银行——富国银行、美国银行以及其他大银行——游行时，他们没有来安快银行这里。现在，我也不清楚那是不是与我们的谈话有关，但我确切地知道这一点：敞开心扉进行开诚布公的交流，把想说的话说出来，拥有透明度高的信誉等，对我们有很大的帮助。

但事情没有就此完结。

我们确实愿意同"占领波特兰运动"的成员见面，而更大的银行却不愿意同他们见面。这一事实进一步提升了我们在社区内已经拥有的良好信誉，等于是将一笔巨大的财富储存到我们的社会资本银行。这笔财富即使到今天也仍然在给我们带来利益。

当你拥有了办事透明、做事公正的信誉时，公众就愿意信服你。这在不确定的时期会产生意想不到的效果。

向其他行业的领先者学习

我一直在寻求保持安快银行领先于竞争者一两步或者三步的方式。在此过程中，我研究了很多行业的各种企业——从星巴克到迪士尼，从丽思卡尔顿酒店到诺德斯特龙百货公司。我发现一件事情：这些有着骄人业绩的企业，不管它们销售什么产品或提供什么服务，在几件事情上都具有共同的特点。其中的第一个也是最重要的特点是，它们都有着极高的标准，而且在这些标准上绝不妥协。

如果你去过迪士尼乐园，一定知道在公园里售卖的现炒爆米花是它们最畅销的产品之一。不管你相不相信，很多人把吃上迪士尼主题公园的爆米花视为去迪士尼游玩的精华部分。但虽然有这么多客人在吃这种零食，我敢说你在迪士尼乐园的地上找不到一粒撒落的爆米花，因为只要有撒落的爆米花，清洁工们就会立刻将它们捡起来——这些人从早上公园开门到晚上公园关闭，遍布在公园的各个角落。迪士尼公司严格的纪律，还有坚持自己标准的那些员工，都非常令人叹服。

但我想，我不应该对此感到惊奇。迪士尼是在 1955 年建成为新型的游乐园的。建立这样的游乐园的想法，来源于华特 · 迪士尼早几年前在洛杉矶地区一家游乐园的旅行。在那里，他看到一匹破旧不堪、布满裂纹和脱落了油漆的旋转木马，马的身子已被损坏而且很僵硬。那时，他便有了那个著名的愿景。这个愿景是——"不掉漆，让马儿转"，它也就是迪士尼对自己未来游乐园的愿景。换言之，主题公园内部的一切都会保持最初的良好状态，按照预想的方式运行。

每天晚上，维修人员都要在公园关闭之后对整个公园进行维修，在第二天早上将公园交回给操作员和小店经营者时，他们必须确保公园里的一切玩具器械都没有掉漆的现象，都在原来的位置。

有很多企业都在做着各种各样令人难以置信的好事情。在每个行业、每个市场，你都能找到这样的企业，而不只是你自己的企业。我们要研究这些企业，从它们的成功中收获新的东西，要弄清它们到底是如何从错误中恢复活力的，要探讨它们的核心价值观和企业文化。

当我同其他银行家交谈时，我告诉他们，如果他们想找机会往前冲，如果他们正在寻找一个疯狂的想法，以使他们的企业在经济形势严峻时卓然挺立，那么，他们就需要平心静气地研究一下非银行业内那些成就非凡的企业。譬如迪士尼公园、诺德斯特龙百货公司、星巴克和苹果公司。选择一家令你羡慕、击败了其竞争对手而又愿意谈论自己的企业进行研究。我敢说，它的领导者一定会对自己的成功感到骄傲，一定会乐意告诉你他们的想法与策略，因为你同他们不构成竞争。所以，去询问吧。然后，把你从他们那里学到的点子，带回到你的企业。

我不在乎你是卖保险的、卖奶酪汉堡包的，还是卖小器具的，或者是卖其他无论什么。顶级企业的成功经验，可以应用到任何行业。把这些经验带回到你的办公室，给它们加温、打磨、刷漆，改造成为你可以使用的东西。这样做时，要记住：你的竞争对手并没有想到这一点。

如果你做的是保险企业，你的管理顾问或营销顾问告诉你的通常和他们之前告诉其他 50 家保险公司的一模一样。这样，你是没有办法做到与众不同的。要从自己行业以外的公司寻找思路，你会发现，有多少成功的业务，就有多少在业务上取得成功的方式。每一家企业都有宝贵的经验，这些经验，在我们自己经营企业的过程中，可以不断提供灵感和启发。

荣誉带来声誉

从 2007 年开始，安快银行被《福布斯》杂志列入美国 100 家最让人愿意工作企业的年度排行榜。连续 8 年，我们都是俄勒冈州最令人羡慕的金融服务机构。

人们问我，"你为什么要在乎这些荣誉呢？它们给你的企业的最终发展带来了什么？"表面上看，它们可能的确没有给我们带来任何直接的好处，但在行业内，在我们所经营的社区，它们提高了安快银行的名声，带来了信誉，鼓舞了员工的斗志，而这种正能量，又反射到我们的客户和顾客身上。它们吸引着那些想要为我们工作的人——这些人愿意将自己所能提供的最佳服务，奉献给我们的顾客，奉献给身边的同事。

在经济困难时期，如果你的员工非常优秀，能够做大事，如果你的管理者非常杰出，能够进行有效沟通，如果你信誉良好、受人尊敬，你就一定会取得成功。即使是在最具不确定性的时期，你也拥有了企业兴旺发达所需的一切。

• 你的企业有着怎样的信誉？在顾客中间口碑如何？在员工心目中是什么样？在社区中形象如何？在你的行业中呢？

• 你做哪些事情来为自己的企业积淀社会资本？

• 你的企业是如何不断失去社会资本的？你对此采取了什么措施？

第十二章　制造轰动效应

　　如今，品牌便是一切。各种类型产品和服务的提供者，从会计师事务所，到运动鞋制造商，再到餐馆，都在琢磨着如何超越自己所在的狭窄领域，成为一个像汤米·希尔费格（Tommy Hilfiger）那样具有轰动效应的品牌。

　　　　　　　　　　　　　　　　　　　　——汤姆·彼得斯

轰动效应和口碑，是宣传产品和服务最有效的两种方式。就消费者而言，这两者都要靠真正的热情和兴趣。它们可以在消费者中间点上一把火，让他们对某一企业的品牌和产品发生兴趣，并培养起对该品牌和产品的忠诚度。这种兴趣和忠诚度往往是持久的，也具有感染力。轰动效应既可以是正面的，也可以是负面的。企业要始终如一地传播正面的信息，以培养起他人对你的品牌和产品的兴趣，要时刻警惕并尽快消除负面效应。

对你的企业来说，只有一份营销方案是不够的。在如今这个通信技术快速发展的世界，我们怎样同当前的和潜在的顾客交流，变得非常关键。社会化媒体允许各个企业，以各种全新的、强有力的方式，同顾客进行交

流，这密切了企业同顾客之间的关系，使得双方能够倾听对方的心声，相
互表达自己的想法。在这一章，我们探讨在经济形势大好的时期，或者在
经济陷入困境的时期，企业如何运用社会化媒体和其他工具，来建立起企
业同顾客之间的良好关系，提高企业的信誉。

嘈杂世界，轰动效应至关重要

你去任何商学院，老师都会告诉你营销的重要性，也会让你懂得推销
自己的企业、品牌和自己的产品及服务的重要性。如果再继续深挖，你会
发现，广告其实是市场营销组合中非常重要的一部分。所谓市场营销组合，
是指企业在营销和促销过程中所采用的不同方法和手段。虽然制作广告已
经是所有企业发展战略的一部分，但我认为，在你开始准备制作广告之前，
很重要的是先弄清两点："哪一种广告是你所需要的？""何时、何地打广
告，投入产出比最好？"

在银行业，我们的产品大多数都是商品。每个银行都有活期存款账户，
都有贷款业务，都会接收存款并兑现支票。它们全都做着同样的事情。银行
产品可谓五花八门，所提供的利率也各有差别，但却没有独特的、让人眼睛
一亮的产品。即使某家银行开发出一款这样的产品，其他银行也会很快模仿。

那么，你怎样打广告呢？

实际上，如果有更大的银行在给自己的产品和服务打广告，那便也是
在为**我的**产品和服务打广告，也是在为其他每一家大大小小的银行打广告。

比如说，如果美国银行花几百万美元给自己的手机银行业务优点打广告，那它实际上也是在为我和其他所有银行打广告，因为顾客们会认为，每家银行提供的手机银行业务都差不多。在我看来，制作广告是打造品牌的一个有效工具。在很多行业，制作广告是营销预算最集中投入的地方之一。但是对于银行业里的商品或产品，这通常是对稀缺的市场营销资金的浪费。唯一的例外是如果你拥有像苹果公司的 iPhone 那样独特的产品，则打广告有助于提升你整个企业的竞争力。

当下世界的信息纷繁芜杂——人们时时刻刻都在受到来自媒体、广告商等各种信息的狂轰滥炸——根本就无暇关注很多广告信息。因此，你得问自己，在制作广告时，你到底要做什么。做广告毕竟不便宜——尤其对小企业来说。

我公开地讲过，我的看法是，银行业的广告已经没有作用了。我得承认，从有些人的表情看，他们认为我讲这样的话很可笑。我的意思是说，有很多银行的电视广告，展现这样的温馨场面：小孩子紧抱着爷爷奶奶，然后出现这样的标语："来某某银行开一个活期账户吧。"你认为有多少人在看完这样的广告后会说——"咱们赶快去银行开一个活期账户吧！"不是说完全没有人去，至少人不会多。毫无疑问——这有助于打造品牌，但仅此而已。

对于多数人来说，决定去哪家银行办理业务，完全是依据利率和便利程度——哪家银行距离最近，哪家银行存款利率最高，哪家银行消费贷款利率、商业贷款利率和抵押贷款利率最低。因此，只要我提供非常有吸引力的存款利率，就是比广告厉害得多的王道，我的业务会繁忙得我自己都应付不过来。然而，如果实行这样的策略，那便是完全依靠价格或者利率来竞争——这就强化了我作为一件**商品**的地位。但是，除非你是大型的零售商，价格是你价值定位的一部分，否则你就是把你的企业置于很难逃脱的死亡旋涡。你不能够仅仅依靠价格来竞争，那不是可持续发展的策略。

成为一件商品，不是银行业或者任何其他行业或企业长期成功的秘诀。为顾客创造真正的价值，继而为我们的银行制造轰动效应，才是我感兴趣的。

在社会化媒体出现之前，我们就已经开始在自己的营销活动中追求轰动效应了。我所说的**轰动效应**，就是创造口碑。我们安快银行就是围绕着创造非凡的顾客体验来建立的，这些体验每天都会引发轰动效应，获得来自顾客的肯定。我们的员工，经过培训之后，都以超常的能力服务于自己的顾客。我们赋予他们权力走出去，运用直觉，以各种意想不到的方式来引起各方的兴趣。我们称这些意想不到的方式为随意的善举。这些随意的善举包括：帮别人支付午餐或晚餐，给他们惊喜；有人排队时，给他们买咖啡或送上鲜花。这就会引发轰动效应——人们会谈论我们的银行，谈论我们的员工，在自己的家人、朋友、同事间，传播正面信息。

谣言传千里，坏事传万里

我们告诉自己的员工：在同客户进行业务往来的过程中，如果出了差错，只要能让客户满意，而不是沮丧或生气，他们就有权做他们不得不做的任何事情。我们要把有可能是负面的形势扭转为正面的形势，因为客户的负面情绪有可能不断发酵，由此而造成负面轰动效应，这对于一个企业来说，有可能是毁灭性的。所以，我们竭尽全力去找出问题并解决问题，同时通过诸如电视、收音机、报纸、网络等各种传统、非传统媒介，寻求各种机遇，去打造安快银行的正面轰动效应。

如今，随着社会化媒体的覆盖面越来越广，负面的轰动效应比起正面的轰动效应来说，有可能也有能力具有更强大的威力。口碑之所以有效，其中的一个原因是，人们喜欢把自己的经历告诉他人，不管是好的还是不好的经历。我们都听说过这样的传播理论，人们会告诉 10 位朋友自己好的或不好的经历，而这 10 位朋友又会把这个信息告诉他们的 10 位朋友，以此类推。通过社会化媒体的力量，如今，人们可以把自己的经历晒到脸谱网、推特（Twitter）或者 Yelp（美国最大的点评网站）等上面，使它们的传播范围成倍地增加。

社会化媒体上的正面信息，会产生惊人的效果，能够帮助新顾客找到你的企业。负面新闻在有些情况下，则有可能不断发酵，有时竟会变成一个企业的死亡之吻，而这可能只是因为该企业的一个决策失误而已。这并不是危言耸听，最近的两个典型案例，奈飞公司和美国银行（2012 年决定增收活期存款费）便是由社会化媒体逼迫着改变方向并做出以顾客为中心的决定。

别忘了：一旦负面轰动效应产生，就很难让企业再回到从前。负面的轰动效应非常**棘手**。

为确保不陷入负面轰动效应的圈套，我们要求员工们时刻关注社会化媒体上对安快银行的各种评价，以便尽快对这些评价做出回应。如果发现顾客对我们有负面情绪，并且将其放到了脸谱网或者推特上，我们会向他道歉，并鼓励此人给我们打电话，以便把他遇到的那个问题解决掉。我们所做的远远不止于此。我们还联系到相关顾客所在的当地门店，请当地门店的经理亲自给他打电话，并解决他所担心的问题。合适时，我们还会给他寄出一封感谢信或者一份礼物聊表谢意。因为我们这种反应迅速、直接诚恳的处理方式，这些顾客中的很多人会在脸谱网或者推特上重新分享他们的经历："哇！你简直无法相信，但安快的人居然给我打电话，并把问题给解决了。我喜欢他们！"

负面的轰动效应与我们相伴相随。只要打开电视机，你就可以看到很多这样的消息。在谷歌上搜索一家特定企业的信息，你还会看到更多。这对于任何一家企业来说，都是一种威胁。如果该企业对这种负面效应没有及时做出反应，后果就尤其不幸。不过，如果你能够为自己的企业，营造出足够的正面效应或者口碑，那也往往能够稀释负面轰动效应所带来的恶果。人们都期盼大多数企业能提供正常的顾客体验，所以，当一家餐馆或一家商店或一家银行做出了超出常规的事情时，人们就会注意到，于是这个消息也就流传出去了。

位于北卡罗来纳州的温斯顿–塞勒姆的卡卡克雷默甜甜圈公司，在其连锁店登陆美国西海岸之时，就发生了这样的事情。卡卡克雷默甜甜圈公司成立于 1937 年，在历史上的大多数时间里，从地理上讲，这家公司被限制在美国的东南部。这家公司的粉丝们，很多是在裹糖香脆的甜甜圈伴随下长大的，因而对于该公司的产品，表现出疯狂的忠诚。1996 年，一些特许经营者从比阿特丽斯食品公司手中将该公司买下来之后，卡卡克雷默便开始了全美范围的扩张。[1] 由于该企业的产品有众多狂热的追随者，随着每个新分店的开张，这次事件在社会上引起了极大的轰动效应。很多人开着小汽车排长队，就是要在每家分店的"免下车"服务窗口购买到现做现卖的甜甜圈。

不幸的是，卡卡克雷默甜甜圈公司，在遭遇随之而来的负面效应之后便衰落了。由于扩张过快，并且在各个可能的地方售卖产品，包括超市、便利店，甚至赌场，卡卡克雷默的产品质量下降了。不仅如此，其利润目标也无法实现。随之而来的种种负面新闻，受到证券交易委员会调查、公司的股价暴跌、股东被起诉、平均每周的销售额下降等，使得卡卡克雷默的粉丝们对该公司群起而攻之，造成了巨大的负面轰动效应。2005 年，该公司的首席执行官斯科特·利文古德被斯蒂芬·库柏所取代。斯蒂芬·库柏对卡卡克雷默甜甜圈公司缺乏信心，他决定保留自己的另外一份工作（安然公司的临时首席执行官）以防万一。[2]

正面的轰动效应，对于经营一家企业来说，是非常有利的因素。要营造正面的轰动效应，就需要回到核心的问题上：你如何能够超出同类，脱颖而出？你的企业文化由哪些要素构成？不管你的企业规模是小、是中，还是大，如果你能够在企业内创建一套价值体系，这套体系能够给你带来口碑，使你区别并优于你的竞争对手，那么，从本质上讲，这要比那些一般性的广告有力也有效得多。人们更信任朋友，或者其他"可靠的"人的亲身经历和现身说法。我们希望能让那些开心满意的顾客出来现身说法。

当然，通过电视广告的现身说法，现在已经泛滥成灾，不那么让人相信了。在一个汽车经销商的电视广告中，一个顾客像竹筒倒豆子般，说他享受到了多么好的服务，销售人员服务态度有多么好，这样的广告你不知见了有多少遍。正因为每个汽车经销商都这样打广告，这样的广告才变得苍白无力，人们根本不关心广告上的顾客说了什么。这不是轰动效应。要引起轰动效应，你得说些或者做些什么来鼓动他人替你传播关于你的企业的某种正面良好的信息。

《福布斯》撰稿人帕诺斯·穆都库塔斯，详细描述了如何打造口碑，并开展一些能够引起轰动的活动。他以苹果电脑为例，说明一家公司"抓住其核心特色与风格来制造轰动效应的艺术"，这毫无疑问有助于公司获得巨大成功。根据穆都库塔斯所述，苹果公司是这样开展其营销活动并打造口碑的：

- **开发独特的产品**：苹果公司的产品绝对不是行业中最先出现的（iPod出现之前，已经有无数的MP3播放机，iPhone出现之前也有很多智能手机），但苹果产品的性能显然优于其竞争对手的产品性能，这让苹果产品具有独特性。iPhone上市之后，很快就以其大屏幕、iTunes集成、地图、日历及其他功能将黑莓手机远远地抛在身后。

- **传递准确的信息**：苹果公司掌握了将艺术和科学融合为一体的技术。这使得它的产品外观漂亮，并且与同类产品相比，更具循环利用的性能。当我们要求用户对iMac（苹果电脑的一个系列）进行评价时，他们往往会使用下面这些词语：时尚、闪耀、极其好用、激动人心。苹果公司不是老朽的商品电脑制造商，它是一台品牌整塑的有力机器，为顾客提供非凡的价值体验，使得顾客愿意不惜重金购买它的产品。

• **瞄准合适的群体**：苹果最喜欢的顾客群体是两类人：一是尝鲜者，这类人总喜欢尝试最新的、最棒的产品；二是开拓者，这类人敢于冒险、迷恋新奇的玩意儿。抓住这两个群体，苹果公司自然就吸引了比这两类人更多的人。

• **激发对产品的兴趣和欲望**：苹果公司将艺术和科技融合到产品中的独特能力，会制造出一种吸引力，让消费者成群结队地来到苹果产品的柜台前。在乔布斯活着时，他的新产品发布会会搞得像是果粉的特别舞台，总能引得媒体记者蜂拥而至，拼命想发布独家新闻。即使到了今天，每个新版iPhone的上市，都依然会让成千上万的顾客在各专卖店或零售店外排长队等候几天，只为了最先购买到。

• **将兴趣转化成欲望和激情**：苹果产品将自己炫目的光环、新产品的提前发布以及限量供货等融合到一起，这吊足了消费者的胃口，在大众消费市场上制造出了轰动效应和良好口碑，创造了苹果产品巨大的需求——还有销售量。

• **持续的宣传攻势**：新款的iPhone、iPod、iPad或iMac等苹果产品投放到市场后不久，便传出新一代产品已开始生产的消息，这又引发了新一轮的消费者激情。[3]

对于企业而言，运作得好，社会化媒体的正面影响巨大，但如果对社会化媒体上的消息不做监控，或者对人们关于你们公司的质疑不予回应，那么，其影响将有可能是极为负面的。有时，到最后你只能说，"我们确实弄得很糟糕，我们非常抱歉。"把市场或顾客负面的印象变成正面的印象，不仅可以扭转难堪的局面，也能争取到新的粉丝——他们会告诉自己的家人和朋友，你们的公司有多么了不起。

让员工成为公司的粉丝

当我们说"要擅长传递信息"时，并不只是指企业主、企业领导者或企业首席执行官，还指为你工作的任何人。如果你们公司的员工真的信赖你所做的一切——你的产品和服务、你的标准、你的道德准则、你的核心价值观——并对你的企业充满激情，你想想这里会蕴含多大的能量。现在，请把这个能量乘以你的企业员工数，你所拥有的能量将足以撼动一座高山。

当实际为你工作的员工开始制造轰动效应时，其能量会比企业主、领导者或首席执行官所制造的轰动效应大得多。这是因为，当人们听到管理者或高管说他们的公司好的时候，往往会说："你当然这样说啦。"的确如此：如果你拥有或者领导该企业，你当然会说这家企业好。但如果是你的10个员工在外面说你的企业好，人们就会想，"哇，这些人**确实**很热爱这家公司。"这给公众留下的印象确实要正面得多。

你的员工绝不是虚伪地偶然地鼓吹你的企业。如果你拥有良好的企业文化，给予员工合理的权限，让他们为自己的行为负责，让他们感受到工作的快乐，对自己的工作感觉良好，他们就会想告诉别人，他们为之工作的企业是多么伟大。

盖伊·川崎在苹果电脑公司的首席宣传官职位上做了多年。他认为，雇用合适的人员，是这个过程中的重要环节。他说，"不去寻找'完美'的人，忽视不相关的方面。寻找那些使用你企业的产品、认为你的企业能够改变世界的人。尽管我不会雇用我自己，直到今天我可能也仍然不会，但我是苹果公司的合适人选，因为我是苹果公司产品的狂热爱好者。相信你的直觉：只雇用那些你远远看去，就想热烈地跑向他们的那些人。雇用比你更优秀的人。"[4]

企业领导者如果关注自己的员工，让他们对自己所服务的公司充满热情，那么，他们就一定会为自己的企业赢得一次又一次的成功。如果这一次又一次的成功足够重要，媒体很快就会介入。媒体最热衷的事情，就是对有独创性并取得成功的企业进行报道。一旦企业得到了媒体的报道，就会拥有自己的声誉，这是黄金都无法换取的。

与众不同才是好

我认为，与众不同才是好。与众不同就是不一般。人们把生活中的很多事情都看成是理所当然的。例如，我出门上了车，转动钥匙，就希望车子能启动；我走进家门轻摁一下开关，就希望灯马上亮。我们把这些都看作是理所当然的，是常规的期待。我们在清醒状态下的大多数时间里，都有大大小小的这类期待，它们综合在一起成为我们大多数人的那种常规的、平淡的日常生活。

所以，当某件事情超出常规、出乎人们的意料时，人们就会注意到它的不同寻常。你在做与众不同甚至搞怪的事情时，就是这种情况。

20 世纪 90 年代中期，我来到安快银行，做的第一件事情就是制作一些特别怪异的电视广告，以帮助我们的银行脱颖而出，让顾客注意到我们。当时我们的广告**真的**与众不同——而且很搞笑。这些广告的主角是一只大猩猩，它发出滑稽的声音，解说者用旁白说出了安快银行的特点。我们把电视放在当时的六个银行门店的大厅里，每天不间断地播放这些广告。即使到了今天，当我来到南俄勒冈州的时候，还有顾客告诉我，他们对那些大猩猩广告记忆犹新。为什么呢？因为那些广告都与众不同，让人觉得很特别！

人们也往往只记得小事情。这就是我不相信这个说法的原因："别在细节上多费事儿，只关注大的事情。"我不相信这句话。我认为，你恰恰需要在细节上多花时间，因为，有了细节，才能成就大的事情。

有很多搞怪的、与众不同的让人难以忘怀的广告实例。想想美国家庭人寿保险公司的吉祥物小鸭。假如你不熟悉美国家庭人寿保险公司，那我要告诉你，该公司是美国最大的为个人和群体提供附加险的保险公司。正如我在安快银行的早期广告中使用了猩猩作为主角，美国家庭人寿保险公司在广告中使用小鸭作为主角。那只小鸭很淘气，也很讨厌，同时又很搞怪，从而让大家深深地记住了它。事实上，这只小鸭已经拥有了自己的生命，它的生命力已超越了美国家庭人寿保险公司所销售的保险。该公司专门创立了一家小鸭主题营业点（www.duckgear.com），你可以在该营业点里购买到美国家庭人寿保险公司打造的小鸭毛绒公仔、小鸭枕头、小鸭高尔夫球杆套、帽子、雨伞及其他更多产品。美国家庭人寿保险公司卖出了几百万件这些物品。

出其不意的力量

与众不同的搞怪非常奏效，出其不意也很奏效。如果一个客户在银行有过不愉快的经历，而我作为银行的首席执行官，给他寄去鲜花表示歉意，这个客户一定会感到意外并感激。而如果是那个银行门店的某个员工给他送去同样的一束鲜花，并写一封道歉信，我们的客户对我们的印象会更好的。为什么呢？因为那位客户没有料到银行的普通员工会有这样的善举。他们一直期盼着银行的上层有这种举动。当你赋予公司基层员工某种权力来给客户制造惊喜、让他们满意时，就会创造出一种出其不意的力量。这种力量在困难时期可以帮你营造出你所需要的发展势头，让你不断前行，顺利进入到经济繁荣发展的时期。

思 考 题

• 你做哪些事情来制造轰动效应，营造口碑？

• 你做哪些事情来甄别并淡化负面的轰动效应和负面口碑？

• 你能够做哪些事情来充分利用轰动效应和口碑？

• 你如何传播企业的信息？你亲自参与传播企业的信息吗？

为什么或为什么不？

• 你是怎样制造与众不同与出其不意的力量的？

第十三章　如何宣传造势

当你拥有那种被称为"危机的机遇之窗"的机会时，要赶快行动，竭尽全力把事情做到极致。那里有着势不可当的促进变化的势头。

——安妮·穆卡伊

势头可能需要一些时间来促发、营造。但是，一旦你促发了势头，它就会让你，还有你的企业不断往前发展。要营造势头，你得知道何时加油、何时刹车，也得知道何时调动备用资源——通常是人力资源和资本资源。

　　势头的力量非常强大。要造势是很不容易的，而且，如果不及早控制，造起的势头也很难一下子止住。势头有正面的、积极的，充满了建设性的；势头也可以是负面的，具有毁灭性的。一辆没有刹车的卡车沿着陡峭的山坡滚滚而下，那也是一种势头——至少在撞到一棵树或者另一辆车之前是如此。在工作场所到处传播的恶意谣言也会营造某种势头。一个活力四射的销售团队对完成季度销售目标信心十足，这也是在营造势头。

将势头变成积极的、正面的力量的秘诀是，有效地利用它，将它置于你能控制的范围之内，在时机适当时，让它释放出来。

在商界，有成百上千的为了公司利益而营造势头的各种案例。你不一定要舍近求远地去找这些例子。想一想乔布斯以及他为苹果公司所营造的势头。乔布斯精力充沛，在苹果公司定期开发新产品（这些产品满足市场需求、美观大方，并由一个激情四射的销售团队来做推销）的过程中，将苹果公司推向了伟大企业的行列。苹果公司拿到的市场份额，是其他企业难以企及的。曾经有一段时间，在美国所有的上市公司中，苹果公司拥有最高的市值。乔布斯逝世后，尽管苹果公司的发展势头有所减弱，但苹果公司的所有竞争对手，要达到在乔布斯任期内苹果品牌所具有的实力，还是相当困难的。乔布斯所营造的让苹果产品从中受益的势头很令人敬畏，那是真正的成功故事。

把握加油与减速的恰当时机

营造势头的秘密之一是把握时机，即知道何时加油，何时刹车。

在安快银行，我们有机会在经济大衰退的末期营造势头，这个时机至关重要。作为一家在纳斯达克上市的公司，我们定期向投资者及股东公布公司的财务业绩，并分析未来的发展前景。金融分析师们对一家上市公司的判断，会使该公司的股票价值有不同的表现，因为他们对该企业的股票进行了评级。他们对于购入股票、卖出股票和持有股票的相关评级，会对投资者如何进行投资产生重要的影响。

基于当下的经济和行业环境，分析师们往往会更加重视那个在特定时期会影响股票表现的问题。在大衰退爆发之前，跟踪金融业股票的大多数分析师，主要感兴趣的是各家公司的赢利水平、赢利质量和每股收益。当经济大衰退成为主导形势后，一切都发生了变化，分析师的视角也发生了变化。他们的关注焦点一下子就从赢利转向了这样一个问题："你有足够的资本和现金从这场经济危机中生存下来吗？"

对于安快银行，我们在大衰退之前的赢利一直非常坚挺，在大衰退之后的资金和流动性也一直被认为非常健康。这里是不存在问题的。

不过，问题并没有结束。

一旦赢利和资金问题得到解决，不需要多久，分析师们就开始担心一个新的问题："在此期间，安快银行的贷款损失到底有多严重？贷款组合到底有多坚挺？"

众所周知，在大衰退期间，所有的银行都遭受了贷款损失。所以，真正的问题是："你在将自己的损失降到最低限度的同时，将能以多快的速度走出这种困境？"对于安快银行，在接下来的几年时间里，在看到曙光之前，就信贷质量问题，我们竭尽全力。我们确实看到了曙光，当然，那肯定不是从隧道中一路冲向我们的火车！我们也认识到，华尔街是变化无常的，我们已经可以预见到下面这将要拷问我们的问题："在这种环境下，你能引领你的企业往前发展吗？"以及"谈谈你的收益水平和质量吧？"这就又回到了我们开始时的问题。

我们刚看到信贷质量出现曙光——虽然在这部分仍然有工作要做——就忙于营造势头。我们希望能够在别人问起之前，就实现企业的赢利增长。问题是，如何最有效地实现增长。请记住：当别人只关注资产负债表时，没有人会注意赢利情况。

于是，我们就进行了投资：增加了在基础设施方面的投资，并将贷款投放系统扩展到新的市场；同时完成了几样收购项目，对那些非利息及收益产出部门进行投资，并吸纳新的人才到公司——这些新的人才可以为公司的增量拓展添砖加瓦。

我们做出的这些决策，还有更多决策，只有一个目的：营造势头。我们最终是要进攻，而不是防守，我们要控制自己的命运。这种感觉太奇妙了。有连续 8 个季度，安快银行的报告说，新增贷款增长势头强劲。这说明，我们公司可以在萧条的经济环境中继续增长，数据证明了这一点。

当有明显迹象表明我们正在从经济大衰退中走出来时，我们知道，到了加油以及营造我们的势头的时候了。关于势头，要牢记的一个方面是，营造它需要时间，这个过程并非一蹴而就。这有点儿像我很小的时候和弟弟玩的一个汽笛。起初，汽笛很难转动起来，但一旦让汽笛中的一个飞轮转动，它就很容易转动了。可见，势头里面也有一些很有趣的东西。

需要注意的是，如果你听之任之，势头也有可能会与你作对，难以控制而一发不可收，就像向山下猛冲而又没有刹车的卡车。你也会在无意当中助长坏事的势头，在这种情况下，要使它停下来或者扭转成正面，就是难上加难。如果势头是围绕某个对你，或者对你的企业来说都不利的决策来营造，那么，你一定要尽早、尽快地停下来。你得知道什么时候该悬崖勒马。

从不确定中发现机遇

杰出的领导者总是能看得更远，他们可以看到一周、一年或者多年之后的形势。他们注视着地平线，不断寻找新的机遇和下一步的变革。机遇任何时候都有可能出现，经济景气的时候也好，不景气的时候也好，甚至经济景气的时候反而没有机遇或机遇较少。

当大衰退给金融业造成严重破坏时，很多银行倒闭，顾客存款由美国联邦存款保险公司承保。同任何其他保险公司一样，美国联邦存款保险公司有着强烈的愿望，要将由银行倒闭所带来的有可能持续的损失降到最低。对此，美国联邦存款保险公司的一个策略就是，让一些实力强大、运营良好的银行接管那些羸弱倒闭的银行，接管的条件是既要对美国联邦存款保险公司有利，又要对健康的银行有利。尽管安快银行被监管机构认定为是一个实力强大的机构，但是我们也有一些因大衰退而造成的问题需要解决。

然而，正如前面所说，机遇送上门来了。在这段时间，安快银行投标并成功接管了四家倒闭的银行，其中三家位于华盛顿州，一家位于内华达州。当我们前去接管时，所到之处，所有人都欢迎安快银行。通过这种介入方式，我们保存了各个小镇和城市里的社区银行，提供了一家实力更为强大的机构所拥有的稳定、便利和各种资源，同时又延续了小银行对储户的那种关切和倾情投入。尤其值得一提的是，所并购的几家银行的新同事都充满热情地接受了安快，接受了安快银行独特的企业文化。这对每个人来说，都是双赢的。

在经济困难时期，我们对各种机遇持开放态度，时时寻求各种机遇。以这种方式，再加上各种有利的交易，我们既帮助美国联邦存款保险公司摆脱了困境，也让自己收获了利益。能够打入新的市场，这证明了我们的成功。我们的新顾客也因此在自己的社区里有了稳定的银行。

曾任过美国副国务卿的查尔斯·罗宾逊，长期是耐克公司董事会的成员。他坚持这样的观点：你得充分利用你所拥有的一切可能优势，努力在竞争中立于不败之地。罗宾逊认为，将竞争的赛场往有利于自己的这边倾斜，给他在商业上带来了巨大的成功。他说：

> 每个人都说："给我一个平坦的竞技场让我在上面竞争。"我说："你怎么会这么蠢呢？"游戏就是要让竞技场向有利于你的方向倾斜。要让竞技场倾斜，这样你才可以预见历史发展的进程，才可以将自己置于能够有效利用未来将会发生的一切的位置。如果你基于当前所知道的事实来做决定，一定会出错，因为将某个主意应用到商业开发上的酝酿期可以是一年、五年，甚至十年。所以，你得问问自己，"引起变化的有哪些因素？从现在起的三年或者五年之后，它们会将我们引向何方？当未来所有这一切一起发生时，我今天需要做哪些准备，以让自己到时处于有利的位置？"[1]

即使是在最具不确定性的时期，也总会有各种机遇可以捕捉并加以利用。当机遇到来时，作为领导者，你要有灵敏的嗅觉，还要有自信心和必要的手段去抓住它们，并将它们转化成对你的企业有益的东西。机遇可能会，也往往的确会在出乎你意料的时候到来，所以，你要盯紧地平线，把耳朵紧贴到地面上。

运用增量资源造势

投资于增量资源，尤其投资到员工身上，可以增强企业的正面势头。对我的员工，我总喜欢以最大的善意来评估他们，除非他们彻底让我失望，那样也就很难再次赢得我的信任。在充满不确定性的时期，我相信管理层是真心实意地努力不想把事情弄糟。人们全心投入工作，希望为企业的发展做贡献。但有些管理人员，则想方设法地榨取员工的一切，并且在没有收到预期效果时，表现出强烈的失望。另一些管理者则思维混乱，他们要求自己的员工反反复复地做着同样的事情，却奢望有更好的结果。

如果员工已经尽全力，你怎么还能够对他们有更高要求？在对他们做好工作的能力施以影响之前，你从员工那里所能榨取的只有这么多。你再施加压力，最糟糕的情况是，他们要么丧失工作热情，要么直接离开公司。这对公司没有任何好处。

避免这种事情发生同时营造势头的方式之一，是懂得在合适的时间添加增量资源。就我们公司而言，我们想增加贷款，并且感到，由于目前的这种经济形势，我们不能再指望员工更加努力地工作了，或者有更强劲的经济增长。所以我们要再次进行投资，投在新市场、新的贷款专业人士身上。进入新的市场是我们战略的一个关键部分，因为感到，在某些我们已经深入参与的市场上，员工越多反而回报越少。换句话说，我们在当前市场上的增量扩展会很小。然而，在新的市场上，同样的新资源可能会带来巨大的新增长。我们注意到，我们的增长机遇在新的市场上要大很多，我们充分利用了这种机遇，并为新的贷款增长营造了势头。如果是以其他方式，我们是无法实现这种增长的。

作为领导，必须知道在什么时候添加增量资源。从定义上讲，增量资源能带来增量收益和增量增长。在充满不确定性的时期，增长当然是件好事。但增量资源还能增添另一样东西：势头。所有我了解的企业都从蓄积势头当中得到了益处。这些所蓄积的势头包括营销、轰动效应、收入、销售、市场份额的增长等各方面。

要切实了解你的企业在市场上的发展势头，并不断寻求维持或强化这种势头的新途径。以我的经验，添加增量资源是营造势头的最好方式之一，一定要尝试探索运用这种方式，以给你的企业带来更多的可能性。

思考题

· 你如何营造你的企业势头？它们有着怎样的力量？

· 你的竞争对手在做哪些事情来营造势头？你在做哪些事情来赶上或超过对手？

· 你在什么时候给企业加油，又在什么时候刹车？

· 在当下的不确定时期，有哪些独特的机遇在向你的企业招手？你准备做哪些事情来将它们转换成新的业务？

· 添加增量资源如何把你的企业带往另一个层次？

第十四章　实施增量式进化

死亡是常规，存活是例外。

——卡尔·爱德华·萨根

有人说，企业就像植物，如果不生长，就会死亡。在现实生活中，企业和植物几乎没有或完全没有共同之处，但的确，企业也要经历一定的成长和变化，才能保持活力变得强大。在《引领变革》（*Leading the Revolution*）一书中，战略大师加里·哈默写到了确立和培养竞争差距的重要性。[1] 所谓竞争差距是指企业所创造的旨在让自己不同于自己竞争对手的各种革新。

一旦你创造出了竞争差距，就得想尽各种办法来保持。这就要求你，要么创造巨大的突破，将这个差距进一步扩大；要么实施增量式进化，即通过对你的产品、销售主张、送货工具等进行更细微的调整以及进一步的改进，来保持这种竞争差距。巨大的突破是罕见的，因此，实施增量式进化才是最为重要的。

当我们于 1996 年在俄勒冈州的罗斯堡市建立起第一个概念店的时候，与同行相比，我们为自己的公司建立起了一种竞争差距，这种竞争差距围绕一个被我们称为"银行门店"的独特产品输送系统来进行。我们门店的设计非常成功，它为安快银行带来了有形的竞争优势，也几乎在一夜之间使我们同我们的竞争对手区别开来。顾客以往习惯于依据利率和月费来选择银行服务，现在，他们都被我们的价值定位所吸引。我们的价值定位是：有竞争力的利率以及独一无二的顾客服务体验。潜在的顾客，只要踏进我们门店中的任何一家，就知道他们将享受到一种独特的银行服务体验。

但是，如果我们所做的一切，只是为银行业带来某种零售体验，那我们的优势就可能不会持续得太久，对手与我们之间的竞争差距很有可能很快就被弥合。从长远来看，要取得成功，必须把基本工作做好：我们得变成世界上最伟大的银行家来为世界上最伟大的银行工作。有了具有创新性的银行门店，再加上真正关心顾客并将自己的工作做到极致的员工，竞争者要想缩小与我们的差距，是难上加难的——即使他们费尽千辛万苦。

与众不同脱颖而出不是商界的新概念。每个企业都在寻求各种方式，让自己从竞争中获胜并创造竞争差距。但是，这种差距并非总是很容易找到，要拓展并保持这种差距则更难。

尽管大多数的时候竞争差距很难创造，不时地，还是会有一些机会降临到你身上。对于安快银行来说，与其他银行的竞争差距不在于技术，而更多的是体现在分行的地理位置，在于我们向顾客提供产品和服务的方式。由于我们的方法是如此独特——对某些唱反调的人来说，甚至没有任何新意——它为我们创造了巨大的竞争差距。这确立了我们的信誉，这一信誉也帮助我们确立了独特的安快银行文化，这种文化又衍生确立了我们的价值定位。这就是势头！这些无形的东西，成为我们无论是在经济形势良好时期还是富有挑战性时期都能够依赖的基石。

保持竞争差距

拥有竞争差距是美妙的——对于企业的长远发展和成功来说，也是必需的——但它也可能成为负担，因为你需要不断掌控、强化它并确保它发挥作用。如果没能做到这一点，你就会失去竞争差距。正如哈默所指出的，随着时间推移，竞争差距可能会失去其吸引力，它们可以被模仿，也可以被消耗掉，并且，如果你不经常对它们进行打磨，它们也会慢慢地遭到侵蚀。

我们的竞争差距，来自于我们在银行业中所创造的独特的服务系统——我们的门店——它们帮助我们与自己的竞争对手区别开来，给了顾客一个不一样的选择。这对我们来说是一个巨大的突破，让我们不断地从成功走向成功。

正如所预料的那样，在我们成功后，其他银行纷纷模仿我们，设法拉近与我们之间的竞争差距。我们如今所面临的挑战同任何其他创造了竞争差距的企业所面临的挑战一样。如何保持这种竞争差距？以我的经验看，有两种途径。

第一个途径是，创造新的促变方面的巨大突破。这种突破，要围绕拓展你已确立的竞争差距来设计。第二个途径，通常也是多数企业所选择的，就是经常性地在增量方面做一些更细微的调整，给你的决策不断注入新的活力。

可以想象，每个企业领导者都在寻求促变方面的巨大突破，这种突破能让他们的企业远远超过自己的竞争对手。原因在于，巨大的突破能够改变重要的规则，它们意义重大，并且可能经久不衰。想想IBM（电脑公司）最初的个人电脑（该公司首先将小型的台式电脑引入到各个企业，然后将其输送到世界范围的个人用户手里）、施乐复印机（该产品使得直接复印机、复写纸和油印机惨遭淘汰），还有苹果的iPod和iPhone（这些产品席卷了便携式媒体播放器和智能手机市场）。这些产品，每一种都代表了它们各自行业中促变方面的巨大突破，都为自己的企业创造了持续多年的巨大竞争差距。在每一个个案中，它们都不是自己行业中的第一款此类产品，但却都是其中最优秀的产品。它们吸引了公众的注意力——也抓住了公众的钱包。但是，要在你的行业中找到新的、具有创新性的东西，且这个东西又要形成巨大的突破，并不是一件容易的事情。很多企业从来没有找到过这种东西。

对企业产品和服务进行革新以保持与其他企业间的竞争差距，是时刻需要做的工作，你是无法躺在过去的荣誉簿上睡大觉的。如果你与竞争对手间的竞争差距点卓越突出，人们就会竞相效仿。另外，如果你长期没有革新，顾客也会失去新鲜感。要保持与对手间的竞争差距，你需要不断改进你所提供的产品和服务，要不断创新，让顾客对你所提供的一切永远保持浓厚的兴趣。在此过程中，你要不断探索寻觅，让你的企业永远领先于你的竞争对手。

以我的经验看，要做到这一点，最好的方式之一就是深入地研究你的行业以外的成功者。

研究其他行业

我有很充分的理由很少雇用银行顾问：他们会把告诉过其他 10 家银行的事情一字不改地告诉我，并且他们的建议对于我们的银行而言，没有很大价值，不会带来改变。相反，我喜欢雇用银行业以外的人来帮助我，因为他们有着完全不同的思路和经验基础。这让我想起了苹果电脑的那句广告词：**换个角度思考**。当你用不同行业的角度来透视你的企业时，能看到很多之前你从来也不会看到的东西，从而激发出为自己的目的服务的新思路。

在企业选择方面，你可以找一家完全击败了自己竞争对手的公司，然后对这家公司进行全面而深入的研究。它为什么成功了？它的竞争对手为何毫无还手之力？它的制胜秘籍到底在哪里？

在安快银行，过去几年来，我们研究了很多家银行业以外的企业，包括迪士尼、丽思卡尔顿酒店、美国盖普公司以及耐克公司。此外，我们还与这些企业的经营者以及为这些企业工作的员工进行了探讨，了解他们行事的方式，弄清他们是如何让同一行业内的其他企业难以望其项背的。为了让某个从不同行业中得来的理念为我们所用，我们将这个理念带回公司，探讨它、拆分它，做调整和修正，然后在某个门店进行尝试。如果它起作用，我们就予以保留；反之，我们就抛弃。

在对自己行业之外的行业进行研究这个概念上，对我来说特别有趣的一点是，在大多数情况下，我们的竞争对手是不会做我们正在做的事情的。对于银行业而言，多数银行都忙于研究并比较自己同其他银行的不同——而不是研究自己同其他行业的企业之间的不同。我相信大多数企业都是这样。很少有企业会到自己行业以外的行业去寻找点子，这要么是因为没有看到这么做的价值，要么是因为认为最佳的答案就在自己的行业内，要么是因为它们甚至根本就没有想到过这一点——这根本不在它们所关注的范畴内。

如果我拥有汽车的代理经销权，很可能会雇用一位效率专家，让他来帮我想一些办法改进我们的汽车修理方式。这毫无疑问是非常有用的，可能会使我的生意好很多。但是，为什么不考虑也从酒店业雇一个人呢，当顾客们在排队等候保养车子的时候，这个人可以帮助我改进同顾客打交道的方式呀！

10年前，美国多数汽车经销机构的顾客接待室，都是一个枯燥无趣的地方。房间通常非常狭小，满屋子都是硬塑料椅子，几本汽车杂志丢得到处都是，一台电视机高高地挂在休息室的一角（声音通常开到最大，哪里都找不到遥控器）。如果你想吃点或喝点什么，员工工作的角落有一台自动贩卖机在等着你，认定你已备有足够的零钱。如果你想放松一下或者有点娱乐，那就甭想了。连伸脚的地方都没有，你能做什么呢？另外，房间一角那台声音嘈杂的电视机，也会让你分神。

但是如今，汽车代理经销商的顾客**休息室**比以往的接待室要大很多，内设舒服的座椅，有桌子供你放手提电脑，还有无线网络、可口的点心（咖啡、茶，还有水），甚至还有刚刚出炉的饼干。当你找到一个可以安顿的地方时，很有可能会有一个汽车销售员向你走来，温和耐心地询问你是否想要有关该经销商的其他车型的任何有用信息，比如卡车、运动型多功能车、轿车等，以及在你的车保养期间热销的车型。

这与之前的那种汽车经销商接待室显然有天壤之别。当然，汽车经销商仍然得把基本的工作做好——以合理的价格把你的车保养得很好——但是，本行业中最好的企业，已经知道了如何将曾经的那种令人相当不愉悦的体验转变成——我敢说——让人享受的体验。

多数人都讨厌把自己的车子弄到维修店里去，诸如接待室里这样的细节有可能带来巨大的差别，它决定了顾客看待你的企业的方式，也决定了他们会不会把在你店里的经历体验告诉自己的家人和亲戚。研究你自己行业之外的行业可以大大地帮助你，要么以增量的方式改变你的价值定位，要么让你找到一些甚至可以改变游戏规则的突破性革新方式。而这些革新是可以给你的行业、你的企业带来转折的。

审时度势，合理分配精力

毫无疑问，经济景气的环境比不景气的环境更有利于对企业进行增量式的革新。

首先，在经济陷入困境时，多数企业领导者关注的都是让自己的企业生存下来，而不是对自己所确立或保持竞争差距的企业经营模式进行适当调整。对自己企业的价值定位进行渐进式改变时，如果存在附加成本，你将很难给出合理的解释。

其次，当经济形势良好时，你可能会有很多自由活动的空间，还可以花时间去考虑那些能让你的企业与众不同的具有创造性的事情。但是当经济处于困境时，你就完全没有机会做这些。这有点儿像某个拿着降落伞的人从 1 万英尺高的飞机上跳下。在那样的高度，跳伞人在拉开跳伞索之前，有时间——30 秒钟或更多一点的时间——玩潇洒并欣赏空中的景象。然而，同样拿着降落伞的人，如果是从 500 英尺高的飞机上跳下，则一离开飞机就要摸索着拉开跳伞索。在到达地面之前的短暂旅途中，他根本没有时间欣赏周围的风景。他要找的唯一的东西就是那个让降落伞展开的跳伞索。

在商场，困境之下，你不得不处理各种问题。但当经济形势良好的时候，你会有多一点的时间来集中做你想做的事情，而不是**不得不**做的事情。

不过，即使是在充满不确定性的时期，你也总会有一些方式让自己拥有更多的自由活动空间。有些对企业生死攸关的事情，必须立即予以处理，不管经济环境或竞争环境如何。但如果某些问题不是很严重，你完全可以信赖自己的员工，给他们足够的权限来处理，这样，你就可以接着考虑另外的事情。

想象一下，一家小型企业遇到了一个客户服务问题，而这时企业领导者正忙着把下一个季度的销售搞上来。这个企业领导者完全可以召集客服团队成员，对他们说，"给你们一个期限，把这个问题解决掉。现在就开始，过程中有任何问题，来告诉我。"把客户服务问题交给合适的员工去处理，这样，领导者就可以把精力集中到对提升销售量来说非常重要的一些事情上。通过合理利用员工，这个小型企业主就创造了他所需要的自由空间，既可以解决眼前的这个问题，同时也有精力处理公司滞后的销售问题。

我告诉我的员工，如果对重要的事情只是花费部分精力，所得到的一定只是部分的结果。当你要处理对你的企业来说非常重要的事情时，一定要调动一切必要的资源完成这件事情。我注意到，太多的员工会同时处理5个、6个甚至7个不同的项目，结果什么事情都没完成，因为他们无法集中在某一件事情上。我更愿意他们先把一件事情做完，然后再做另一件。我会把其他的任务也交给你，但必须首先看到之前已经完成的。

• 你的公司与你的竞争对手之间有竞争差距吗？具体是什么？差距有多大？

• 你在做什么来确立与你的竞争对手之间一个新的竞争差距，或者拓展你已经拥有的竞争差距？

• 在透视其他行业非常成功的企业以寻求新思路时，哪些是你公司的潜在利好点？你能做些什么来实现这些利好？

继续引领

员工们希望着，也期待着，他们的领导者能引领他们。优秀的领导者有技巧也有才能做这件事情——引领。

我们知道，如果员工对领导者不信任，或者缺乏信心，就可能出现问题，也一定会出现问题。这些问题将有可能损害企业在顾客和公众心目中的信誉。最糟糕的情况是，这些问题可能会让企业中途倒闭。没有人敢说引领一个企业很容易。实际上，引领他人是一件非常困难、也常常让人沮丧的事情。不过，引领他人也有着催人奋进、令人振奋的东西——如果有效地实施引领，它将会变成公司发展真正的动力源泉。

这里所说的领导者可以是企业中任何一个级别的为员工负责的人。他可以是首席行政执行官，可以是部门或处室的主任，也可以是财务团队的主管等。所有这些领导者，还有其他在权力位置上的人，都需要一项基本技能来有效引领他人。这就是，要能够用乐观的激情，去激励和鼓舞自己的员工。没有这一基本特征，真正的引领他人将无从谈起。

我们都同某一个，或者为某一个真正激励我们进步、鼓舞我们到达更高点的领导者工作过。这样的领导者通常很快便能赢得他人的信赖，并将"一切都能做"这个信念深深地埋在全体团队成员或者全体企业成员的心中。这样的领导者，即使在公司遇到困难，或者需要付出执着的爱才能够把工作做完的时候，也能够让人们对他深信不疑。我们也同这样的领导者一起工作过，他们没有个人魅力和灵活性，只是亦步亦趋地完成工作。在处境困难时，这样的人通常不会坚持得很久。

当你把领导角色解剖到最为基本的要素时，我相信，你最终找到的、能够总结一个领导者日复一日所做的事情的只有一个词：**说服**。领导就是说服他人的行为和艺术。比如，领导者努力说服自己的员工要看到自己的使命和价值所在；激励自己的员工要更上一层楼；鼓励自己的员工要往更高的目标迈进；想方设法说服他人，最难解决的问题，也都有其解决办法。而这些只是领导者经常要处理的几百个问题当中的几个。不过，优秀的领导者都清楚，他们不是孤立无援，自己的员工会热情地支持他们，会帮助推进对企业以及他们自身来说，具有战略意义的目标。

在充满不确定性的时期，领导的作用尤其重要，因为你必须处理棘手的问题，应对棘手的情势，同时自己也要朝着目标不断地前进。这些目标，会帮助你将公司引向平稳安全的水域。在这种困难的环境下，优秀的领导者必须思维敏捷、头脑灵活，时时了解影响本行业的最新消息和动态，以便超出自己的竞争者。还需要能够统揽大局，以确保在赢得一场战役的同时，不输掉整个战争。

领导力具有势不可当的威力。但是充满不确定性的时期又给领导者的工作增添了另一个困难的维度，它带来了一个所有领导者都会思考也许也最难回答的问题：怎样应对？

不管你处在企业的哪个层级，本书所讨论的话题都适用于你。你对不同话题内容的排列顺序和优先处理等级，便是你回答"怎样应对？"这一问题的答案。在你制定自己的企业战略时，请记住以下这几点：第一，什么事情都不做根本不算选择；第二，不要为行动而行动，要深谋远虑，要有智慧；第三，任何领导者都必须有自己的独特影响力，从小处开始将可能结出累累硕果。

当在充满不确定性的环境中引领时，要保证你建立起了稳固的个人基础，以确保最终的成功。我认为，这要从自省和诚实开始——也就是，首先要能够反思自己，然后要能够反思你的企业。要经常性地评估自己企业的各种优势、不足、机会以及所面临的各种挑战，以确保把精力用到了刀刃上。然而，我怀疑，到底有多少领导者会对他们自身也做出同样的评估呢？我把这个方式推荐给大家，让它作为一个提高领导力的好的起点。

最后，问问你自己下面这两个问题："当你想到自己的企业时，激励你的是什么？""是什么让你充满了激情？"一旦回答了这两个问题，你也就知道了"怎样应对？"的答案，就能够制定出正确的战略，来引领你的企业度过充满不确定性的时期。答案在每一个人的心中，现在就去寻找吧。

　　从 2007 年我的第一本书《谋求发展，引领群伦》出版以来，经济领域中我们以往很习惯的那个"常态"、房地产市场以及日常生活的几乎所有方面，都已经改变了，或者说，永远离我们而去了。取而代之的是各种各样的不确定性——已经被证明非常难以应对，甚至情况完全糟糕透顶。这一时期，我们看到一些领导者迎难而上，展现了真正的勇气；也见证了一些领导者，或放弃，或妥协，或根本无法应对困难的局面。有一点是确定的：过去的五六年，是前所未有地需要强有力的领导的时期。几年来，我一直思考着要写这本书，不是从一个领导艺术专家（我也不是领导艺术专家）的身份来写，而是从常识的角度来写。这个角度能够展现领导者之所以为领导者的各种特点。

　　安快银行有 2 500 多名员工，他们要我负起责任来履行公司的准则，引领公司的发展。也正是他们，经常提醒我注意这些方面。我非常认可这些了不起的员工，也感谢他们总是相信我对他们所说的一切，同时感谢他们一直助我乘风破浪、不断前行，与我共同推进一个伟大企业的发展。他们包括公司的董事会成员——真正意义上的领导者：艾琳·福特、佩吉·福勒、比尔·兰辛、布莱恩·蒂姆、希利亚德·特里、苏珊·史蒂文斯、罗琳·西格、斯蒂芬·甘比、吉姆·格林尼、路易斯·马丘卡、迪安·米勒、达德利·斯莱特和弗兰克·惠特克等。他们非常宽容地忍受了我行事过程中的前后不一致，为此我要感谢他们。

我也要感谢我的团队——这些人容忍了我的斥责，并且对安快银行怀有强烈的热情：芭芭拉·贝克、布拉德·科普兰、罗恩·法恩斯沃思、兰尼·海沃德、凯利·约翰逊、加里·尼尔、柯尔特·瓦凯什、史蒂夫·菲尔波特和马克·沃德曼等。我要特别感谢我的行政助理洛勒莱·布伦南，感谢有你做我的行政助理。我还要感谢伊芙·卡拉汉，她一直鞭策我不断前行，使我最终完成了这本书。伊芙，衷心感谢你出的很多好点子，对这本书的编辑，还有对我的鼓励。

毫无疑问，如果没有彼得·伊科纳米，这本书会依然只是一个想法。彼得，写这本书时，你坚持到底的精神真是不可思议。谢谢此次我们的合作。正如有人所说的，"我们写得不错"。我还要感谢乔西–巴斯出版公司的所有员工，我们提出了很多不合时宜的需求，但他们都一一满足我们。这些人包括我们的编辑凯伦·摩菲，他细心的指导、规划，使得我们能把这本书及时交付出版。

　　感谢我的家人——艾米、凯尔、布鲁克、杰克逊（我最好的朋友）和卡洛琳（我在想着你！）——这些人没有一天不在激励我前行。最后，我得感谢博比，是他让我所有的梦想都变成现实，没有你，一切都会失去意义。

Chapter One: The New Normal

1. Ashley Halsey III, "Airport Delays Provide Lesson on Infrastructure, Operations Costs," *Washington Post*, April 27, 2013, http://articles .washingtonpost.com/2013–04–27/local/38857630_1_sequestration-airport-improvement-funds-faa.

2. Robert W. Fairlie, "Kauffman Index of Entrepreneurial Activity, 1996–2012," Ewing Marion Kauffman Foundation (April 2013), http:// www.kauffman.org/uploadedFiles/KIEA_2013_report.pdf.

3. Stu Woo, "Under Fire, Netflix Rewinds DVD Plan," *Wall Street Journal*, October 11, 2011, http://online.wsj.com/article/SB10001424052970203 499704576622674082410578.html.

4. Peter Fuda, "Why Change Efforts Fail," *Peter Fuda and the Alignment Partnership* (2009), 1.

5. John Kotter, "Can You Handle an Exponential Rate of Change?" Forbes blog, http://www.forbes.com/sites/johnkotter/2011/07/19/can-you-handle-an-exponential-rate-of-change/.

6. Paul Polak, "Four Transformative Business Opportunities in Emerging Markets," March 13, 2012, http://blog.paulpolak.com/?p=1645.

7. "Fedex Corp—Early History," May 12, 2013, http://ecommerce.hostip .info/pages/443/Fedex-Corp-EARLY-HISTORY.html.

8. "FedEx Corporation Company Information," May 12, 2013, http://www.hoovers.com/company-information/cs/company-profile.FedEx_Corporation.e6bc953d777db293.html; "History of FedEx Operating Companies," May 12, 2013, http://about.van.fedex.com/fedex-opco-history

9. Steve Friess, "Vegas' Newest Gimmick: ATM That Dispenses Gold," AOLNews, January 8, 2011.

10. Joseph Schumpeter, *Capitalism, Socialism, and Democracy* (New York: Psychology Press, 2003), 207.

Chapter Two: The Truth, Nothing But the Truth

1. Brier Dudley, "More Layoffs at T-Mobile, Engineering This Time," *Seattle Times*, April 3, 2013, http://blogs.seattletimes.com/brierdudley/2013/04/03/more-layoffs-at-t-mobile-engineering-this-time/.

2. Mark Madler, "Merger Prompts First California Layoffs," *San Fernando Valley Business Journal*, March 29, 2013, http://www.sfvbj.com/news/2013/mar/29/merger-prompts-first-california-layoffs/.

3. Rita Schiano, "Fear's Connection to Anxiety," April 16, 2013, http://www.psychologytoday.com/blog/in-the-face-adversity/201304/fears-connection-anxiety.

4. Mick Ukleja and Robert Lorber, *Who Are You and What Do You Want?* (Des Moines, IA: Meredith Books, 2008), 37.

5. B. Kaada, "The Sudden Infant Death Syndrome Induced by 'the Fear Paralysis Reflex'?" *Medical Hypotheses* 22 (1987): 347–356, http://www.ncbi.nlm.nih.gov/pubmed/3647223.

6. "Fear Paralysis Reflex," May 12, 2013, http://www.retainedneonatal-reflexes.com.au/reflexes-explained/reflexes-fear-paralysis-reflex/.

7. "Odwalla, Inc., Company Information," May 12, 2013, http://www.hoovers.com/company-information/cs/company-profile.Odwalla_Inc.fe5d7db057dfbbf3.html.

8. Anni Layne, "How to Make Your Company More Resilient," *Fast Company* (February 28, 2001).

9. Ibid.

10. Ibid.

11. Ibid.

Chapter Three: Problems and the Healing Process

1. Pallavi Gogoi, "No Sign of Shareholder Revolt against Dimon," AP, May 14, 2012, http://bigstory.ap.org/content/no-sign-shareholder-revolt-against-dimon.

Chapter Four: Control and Uncertainty

1. Douglas A. McIntyre, Ashley C. Allen, Samuel Weigley, and Michael B. Sauter, "The Worst Business Decisions of All Time," *Free Republic*, October 17, 2012, http://www.freerepublic.com/focus/f-chat/2946112/posts.

2. Sam Mamudi, "Lehman Folds with Record $613 Billion Debt," *MarketWatch*, September 15, 2008. http://www.marketwatch.com/story/lehman-folds-with-record-613-billion-debt.

3. Erik Klemetti, "Volcano Profile: Mt. Hood," April 24, 2009, http://scienceblogs.com/eruptions/2009/04/24/volcano-profile-mt-hood/.

4. Jean-François Manzoni and Jean-Louis Barsoux, "The Set-Up-to-Fail Syndrome," *Harvard Business Review* (March 1998), 101–113.

Chapter Five: Exercise Your Intuition

1. "Trust Your Gut: Intuitive Decision-Making Based on Expertise May Deliver Better Results Than Analytical Approach," *Science Daily*, December 20, 2012, http://www.sciencedaily.com/releases/2012/12/121220144155.htm/.

2. "In Decision-Making, It Might Be Worth Trusting Your Gut," December 14, 2012, *Science Daily*, http://www.sciencedaily.com/releases/2012/12/121214191243.htm

3. Eugene Sadler-Smith and Erella Shefy, "The Intuitive Executive: Understanding and Applying 'Gut Feel' in Decision-Making," *Academy of Management Executive* 18 (2004): 80–81.

4. A. M. Hayashi, "When to Trust Your Gut," *Harvard Business Review* (February 2001), 59–65.

Chapter Six: Be Really Good at the Basics

1. Lynne Terry, "Health Officials Investigate Norovirus Outbreak at Andina in Portland," *Oregonian*, March 13, 2013.

Chapter Seven: The Value of a Value Proposition

1. Peep Laja, "Useful Value Proposition Examples (and How to Create a Good One)," *Conversational*, February 16, 2012, http://conversionxl .com/value-proposition-examples-how-to-create/.

Chapter Eight: Be Available

1. Frances Hesselbein, *Hesselbein on Leadership* (San Francisco: Jossey-Bass, 2002), xii-xiii.

2. Ibid., xvi.

3. Daniela Yu, Jim Harter, and Sangeeta Agrawai, "U.S. Managers Boast Best Work Engagement" (Washington, DC: Gallup Organization, April 26, 2013).

Chapter Nine: Motivate and Inspire

1. Bob Nelson, *1501 Ways to Reward Employees* (New York: Workman Publishing, 2012), 9.

2. Ibid.

3. Ibid., 3.

4. Ibid., 10.

Chapter Ten: Leverage Your Assets

1. Edward Abbey, *The Journey Home: Some Words in Defense of the American West* (New York: Plume, 1991), 183.

2. Graeme Deans and Mary Larson, "Growth for Growth's Sake: A Recipe for a Potential Disaster," *Organization* (September/October 2008), http://www.iveybusinessjournal.com/topics/the-organization/growth-for-growths-sake-a-recipe-for-a-.potential-disaster#.Ub9YwPZARMg

3. Ibid.

Chapter Eleven: Reputation Counts

1. Max Chafkin, "Revolution Number 99," *Vanity Fair* (February 2012), http://www.vanityfair.com/politics/2012/02/occupy-wall-street-201202.

Chapter Twelve: Create Buzz (But Manage Crisis)

1. Kate O'Sullivan, "Kremed! The Rise and Fall of Krispy Kreme Is a Cautionary Tale of Ambition, Greed, and Inexperience," *CFO* (June 1, 2005), http://www.cfo.com/article.cfm/4007436.

2. Ibid.

3. Panos Mourdoukoutas, "How to Launch a WOM and Buzz Campaign the Apple Way," August 7, 2011, http://www.forbes.com/sites/panos mourdoukoutas/2011/08/07/how-to-launch-a-wom-and-buzz-campaign-the-apple-computer-way/.

4. "The Evangelist's Playbook," *Success*, May 12, 2013, http://www.success .com/articles/1112-the-evangelist-s-playbook.

Chapter Thirteen: Build Momentum

1. Peter Isler and Peter Economy, *At the Helm: Business Lessons for Navigating Rough Waters* (New York: Doubleday, 2000), 86.

Chapter Fourteen: Practice Incremental Evolution

1. Gary Hamel, *Leading the Revolution: How to Thrive in Turbulent Times by Making Innovation a Way of Life* (Boston: Harvard Business School Press, 2002).